1週間で英語がどんどん話せるようになる26のルール

上野陽子
Yoko Ueno

はじめに

26のルールがわかれば
英語はスラスラ話せるようになる！

　こんにちは。この本を手に取っていただいてありがとうございます。

　みなさんはテレビ、本、学校の授業、友だちや家族との会話など、いろんな場面で日本語に触れてきたことで、日本語が話せるようになったと思います。
　英語も日本語と同じひとつの言語ですから、できるだけたくさんの英語に触れれば英語が上達することでしょう。

　ただ、「英語も日本語と同じように」といっても、日本語と英語はだいぶ構造が違うため、すでに身についている日本語の構造が英語を話すときに邪魔をしてしまいます。だから、たくさんの単語や構文を覚えても、なかなか話せるようにはなりません。

　でも、安心してください。**幾つかのルールがわかれば、英語はだいぶ楽に話せるようになるのです。そのルールをまとめたのが、この本です。**
　たとえば、「英語は結論から伝える。肯定するのか、質問するのか、否定するのか…そこをはっきりとさせればよい」というルールがあります。これを覚えておけば、英語をスムーズに話し出すことができます。
　また、「前置詞は和訳ではなく、イメージで覚える」のルールを知っていれば、前置詞がスムーズに使いこなせるようになります。どちらも、本書で詳しく取り上げますので、ぜひご覧ください。

　ルールがきちんと理解できていれば、英語の構造がしっかり頭に定着し、スラスラと話せるようになります。**頻出フレーズをそのまま覚えなくてすむので、手間もかかりません。しかも、ルールの数はそれほど多くはないんです。**

　「英語の構造を学ぶことは、学校で習った文法を学ぶこと？」と思う人

もいるでしょう。でもこの本で紹介する「ルール」は「学校で習う英文法」とは異なります。

　たとえば、「これは第何文型でしょうか？」「この関係代名詞はどんな構造になっていますか？」といった、文法の分析をしたり、文法用語自体を覚えることに力を入れる必要はありません。文法用語については、お互いが説明を理解しあうための記号にすぎないため、自分でわかりやすいように覚えていくだけでいいと思います。

英会話でよく使う英文法と読み書きでよく使う英文法は異なる

　私は英語で記事を書く連載をさせていただいていますが、話すときと書くときとでは意識が変わります。

　書くときは、文章がいつも同じパターンでは単調で読む人が飽きてしまうため、たとえば Looking through the window, I found 〜 . のように分詞構文を時折混ぜるなどで、文章にバリエーションを持たせる一工夫をします。でも、日常的な会話でそこまで考えることはありませんよね。

　話すときは、受動態よりも能動態のほうがわかりやすく、会話もポジティブな印象になりますし、過去完了形など日本人がわかりにくいものは、話し方を変えれば使わずにすみます。

　本書では、こうした日常会話で使うことにスポットをあてたルールがベースとなっています。なお、ルールにはかなり初歩の英文法もあります。すでに理解している場合は読み飛ばしてもらって構いません。

　また本書は、1週間で終わるように作られていますが、自分のペースで取り組んでいただければと思います。

　「英語を話せるようになる秘訣は？」「早く上達するコツは？」とよく聞かれるのですが、本書にあるルールを理解することで、こうした悩みは解決されることでしょう。

　本書をご覧いただく大切な読者のみなさんが、少しでも効率よく、英語が話せるようになるお手伝いができましたら幸いです。

　では、さっそく始めてみましょう！

上野陽子

1週間で英語がどんどん話せるようになる26のルール

Contents

Day 1

Rule 1　英語は語順が違うと通じない ... 012
1　英語と日本語では、語順の考え方に違いがある ... 012
2　英語は結論から伝える ... 013

Rule 2　5文型は知らなくてもいい ... 014
1　S、V、O…とは覚える必要はなし ... 014
2　文型よりも、例文で覚えよう ... 014
3　5文型を知らなくても英語は話せる！ ... 016

Rule 3　自分についてを話すことから考えてみよう ... 023
1　「何が」「どうした」を話すときの頭の働かせ方 ... 023
2　「何は」「どんなだ」を話すときの頭の働かせ方 ... 025
3　「何は」「何に」「何をした」を話すときの頭の働かせ方 ... 028
4　「誰に」「何を」を話すときの頭の働かせ方 ... 029
5　「何を」「どんな状態にした」を話すときの頭の働かせ方 ... 030

Day 2

Rule 4　飾る言葉にも順番がある！ ... 036
1　「場所→時」が基本 ... 036
2　「動きを強める言葉」の位置は、動詞の種類で決まる ... 036
3　飾る言葉の順番にもおおよそのルールがある ... 037
4　「主観→客観」が基本 ... 037

Rule 5　意味が変わる動詞を使いこなす　038
1　後ろにくるもので意味が左右される get　038
2　「持つ」の意味だけではない have　041
3　「作る」「働きかける」などの意味を持つ make　042
4　「つき進む」イメージの go　043
5　「渡す」「与える」の give / pass / buy / get　044

Rule 6　似た意味の動詞を使いわける　045
1　話す（speak / talk / say / tell）を使いわける　045
2　見る（look / see / watch / stare）を使いわける　048
3　聞く（listen / hear）を使いわける　049
4　させる（make / have / let / get）を使いわける　050
5　要求を出す（would like to / want to）を使いわける　052
6　希望する（hope / wish）を使いわける　053

Day 3

Rule 7　現在形には使える条件がある　058
1　普段の様子や普遍的な事実は「現在形」で　058
2　今まさにしているときは「現在進行形」で表現する　060

Rule 8　過去形の動詞の変化は 3 種類　062
1　過去形には 3 種類ある　062
2　過去に何かをしている最中なら「過去進行形」　064

Rule 9　「今につながる過去」と「つながらない過去」がある　064
1　「現在完了形」は今につながる過去を示す　064
2　used to は過去の状態や習慣を示す　069

Rule 10　will と be going to を使いわける　070
1　これからのことを表現する be going to　070
2　will と be going to は使いわけもできる　071

Rule 11　時刻や期間を伝える表現を極める ... 073
1　時刻を伝えてみよう ... 073
2　よく使う表現をおさえよう ... 074

Day 4

Rule 12　希望の伝え方にはいろんな言い方がある ... 078
1　お願いをすることで希望が伝わる ... 078
2　許可を得ることでも希望が伝わる ... 080

Rule 13　誘う表現は言い方に強弱がある ... 082
1　意向を聞いて誘いかける ... 082
2　問いかけて誘ってみよう ... 084

Rule 14　詳しく比べてみよう ... 086
1　「同じ」程度を伝える ... 086
2　「同等でない」ことを伝える ... 087
3　much と many にはちゃんと違いがある ... 088
4　比較する（比較級） ... 089
5　一番のものを伝える（最上級） ... 092
6　「全部」「大部分」「いくつか」「まったく～ない」 ... 093

Day 5

Rule 15　主語と動詞の入れ替えで質問文が作れる ... 098
1　基本は Do で聞く ... 098
2　三単現なら Does で聞く ... 099
3　過去のことを聞くなら、どの主語でも Did ... 100
4　be 動詞で聞くなら be 動詞を先頭に移動するだけ ... 101
5　Yes / No で答える ... 102

Rule 16　6W1H を先頭に出せば内容が聞ける　104
1　「何か」を聞くなら What　104
2　「どちら?」は、Which だけではない!　106
3　「どこか」を聞くなら Where　109
4　「いつか」を聞くなら When　110
5　「誰か」を聞くなら Who　110
6　「なぜなのか」を聞くなら Why　111
7　「やり方」や「状態」を聞くなら How　113

Rule 17　質問することで挨拶もできる　116
1　How で挨拶する　116
2　What で挨拶する　117
3　be 動詞、一般動詞で挨拶する　117
4　挨拶の返事の頻出表現をマスターしよう　118

Day 6

Rule 18　前置詞は和訳しない　122
1　英語は最初から詳細を伝える　122
2　同じ和訳でも、前置詞でニュアンスが変わる　122
3　前置詞は和訳よりもイメージが大事　122

Rule 19　前置詞のイメージをとらえよう!　125
1　「内側にある」イメージの in　125
2　「接触している」イメージの on　128
3　「特定の一点」や「尺度」のイメージの at　129
4　「出発点」の from と「到達点」の to　132
5　「多くの中のひとつ」をイメージさせる of　135
6　「何かを捧げる」イメージの for　137
7　「寄りそう」イメージの by　139
8　「付加」のイメージの with　141

Rule 20 似た前置詞を使いわけよう ... 142
1. 日本語訳が近い前置詞を区別する ... 142
2. 前置詞を選ぶルール ... 147

Rule 21 よく使う前置詞表現をマスターする ... 149
1. 前置詞をイメージでとらえつつ覚えよう ... 149

Day 7

Rule 22 冠詞を自在に使いわける ... 154
1. a と the の違いを知ろう ... 154
2. 職業や不特定のものには a を使う ... 156
3. 特定、唯一、位置、楽器には the を使う ... 157

Rule 23 「それ」じゃない it を使いこなす ... 158
1. 時間の it を使いこなす ... 158
2. 日付や曜日の it を使いこなす ... 159
3. 距離の it を使いこなす ... 159
4. 天候の it を使いこなす ... 159
5. その他の it を使いこなす ... 160

Rule 24 紛らわしい質問への答え方を知る ... 160
1. Don't 〜 ? / Didn't 〜 ? の質問に答えよう ... 160
2. Why don't you 〜 ? の質問に答えよう ... 162
3. Do you mind if 〜 ? / Would you mind if 〜 ? の質問に答えよう ... 163

Rule 25 訳しにくい英文を使いこなす ... 164
1. 肯定文に、否定の疑問形をつけるだけ ... 164
2. 否定文に、肯定の疑問形をつけるだけ ... 164

Rule 26 似て非なる助動詞の違いを知る······165

1 can と be able to の違いとは？······165
2 must と have to の違いとは？······166

Day 1

Today's Lesson

Rule 1
英語は語順が違うと通じない

Rule 2
5文型は知らなくてもいい

Rule 3
自分について話すことから考えてみよう

学校で"5文型"というものを習ったと思います。それは、ＳＶＯＣなど記号が並ぶちょっとややこしい5種類の文型でした。
　結論から言えば、5文型なんか知らなくても英語は話せます！
　大切なのは「どんな順番で」「どんなことを」話していくかです。

　まずは、日本語と比べながら語順を考えてみます。英語は語順がとても大切で、ほんの少しの違いで通じにくくなったり、意味が変わったりします。

　英語には語順という「型」があります。この型があるおかげで、英文は作るのが簡単になります。なぜなら、「言葉を型に入れていくだけで完成」するからです。そんな型にまつわることを説明していきます。

　英語上達の秘訣は"話したい・話せる内容"があること。まずは一番簡単な「自分について話す」ことから始めてみましょう。
　これなら、伝えたい内容はすでにあるし、話の内容も特に考えなくても浮かぶでしょう。あとは単語を型に入れていくだけです。
　さらに、主語を自分以外の"物""出来事""他の人"に置き換えて、英文を作ってみます。
　英語の基本的な骨組みを、5文型よりももっとシンプルに"単語の入れ物"と考えれば、会話がスラスラと出てくることを、ぜひ実感してください！

Rule 1　英語は語順が違うと通じない

1　英語と日本語では、語順の考え方に違いがある

日本語は語順がほぼ自由。英語の語順は決まっている

I　saw　you　yesterday.
　私は　　見た　あなたを　　　昨日

私は昨日、あなたを見ましたよ。

　英語を話すための基本として、まずは行動をする人などの「主語」を出し、次にその主語がどうしたのかを「動詞」で示します。
　では、日本語はどうでしょうか？　先ほどの英語の例文と同じ内容を、日本語で話しかけてみると、たとえばこんなパターンが考えられます。

【日本語】
❶　私は　昨日　あなたを　見ました。
❷　私、　あなたを　昨日　見ました。
❸　見ましたよ、　昨日。　私、　あなたを。
❹　昨日　あなたを　見ましたよ、　私。

　❶と❷は基本的な型。❸や❹は、近所で呼びかけて立ち話を始める風といった具合でしょうか。❶〜❹のどれでも、とりあえず意味は通じますよね。
　でも、❶❷❹では最後のほうで「見ませんでした」と急に否定されて、話の内容をひっくり返される可能性だって考えられます。
　よく言えば、日本語は自分の好みや気分にあわせて幅広い言葉の並べ方が可能な言葉。その語順はとても自由です。
　では、このままの語順で英語に訳すとどうなるでしょうか？

【英語】
❶　I　yesterday　you　saw.

❷ I　you　yesterday　saw.
❸ Saw　yesterday,　I　you.
❹ Yesterday,　you　saw　I.

　どれも英語だと、意味が通じなくなる可能性大ですよね…。理解しようと一生懸命に聞いてくれれば通じるかもしれませんが、基本的には通じないととらえていいでしょう。仮に I を me に変えたところで、英語としてはおかしなままです。

2　英語は結論から伝える

英語には型がある

　以下が、最初に登場した英文の正しい形です。

【英語】

　私は　見ました　あなたを　　　昨日。
　 I 　 saw 　 you 　 yesterday.

　英語では、きちんと決まった型に入れていかないと、話が通じないわけですね。つまり、英語は型に入れていく言葉なんです。といったわけで、パターンを覚えてしまえば簡単です。そして…、

　　英語：「私は見た」＝「結論」から始まる。
　　日本語：「見たか・見なかったか」最後まで結論がわかりにくい。

英語は「わかりやすい」言葉なのです！

　英語の基本は、まず「結論を決める」こと。つまり動詞にあたる「見た」「見なかった」「見ましたか？」と肯定・否定・疑問などを決めることで、話し始めが決まります。厳密には例外の表現もありますが、最初にそこをとらえてしまえば、英語の型がスッと頭に入りやすくなると思います。

==英語は最後まで聞かなくても「何が・どうした」がすぐにわかるわけですから、英語ってわかりやすい言葉なんです！== こう考えるだけで、英語への抵抗感がだいぶ和らぐのではないでしょうか。

この語順の考えを会話の基本として、スタートしてみましょう。

Rule 2　5文型は知らなくてもいい

1　S、V、O…とは覚える必要はなし

ここで、学校で習った5つの基本文型をいったん思い出すことにします。学校では、次のように習ったのではないでしょうか。

- 主語　S (Subject)　→「何が」。人、物、出来事
- 動詞　V (Verb)　→be 動詞や一般動詞。「好き」「歩く」などで、can などの助動詞を伴うこともある
- 目的語　O (Object)　→「何を」あるいは「誰を」
- 補語　C (Complement)　→「〜な状態だ」
- 修飾語　M (Modifier)　→飾り。名詞、動詞、副詞など、飾る対象は様々

でも、この記号を覚えなくても大丈夫です。文法的な説明は読み飛ばしたとしても、「型」を感じられれば十分です。

「S・V・O・C は単なる記号で、語句の入れ物の名前。自分が持っている記憶をひっぱりだして、今ある力を使うための記号にすぎない」くらいに考えて、軽い気持ちでおさらいしてみましょう。

2　文型よりも、例文で覚えよう

基本を成す例文

さて、英語には「型」があるとお伝えしました。基本的には「順番に並んだ箱に、言葉を入れていく」ようなイメージになります。

① I walk 〔every day〕.
私は 歩きます （毎日）。

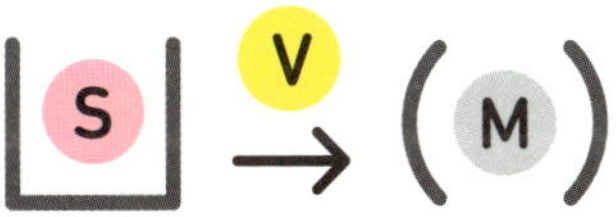

S →V (M)

② I am a salesperson.
私は です 営業マン。

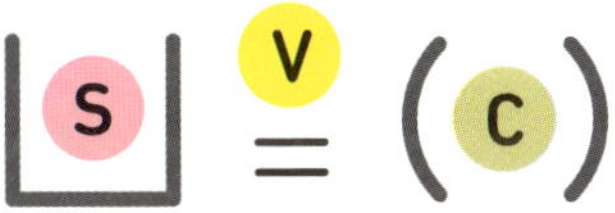

S =V (C)

③ I like my job.
私は 好きです 自分の仕事が。

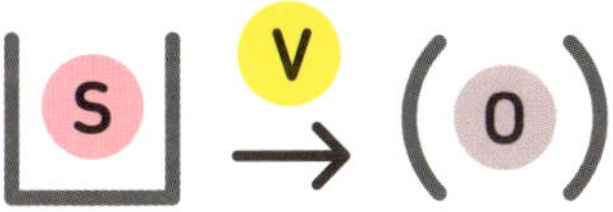

S →V (O)

④ She gave me a present.
彼女は くれました 私に プレゼントを。

⑤ She keeps her room clean.
彼女は しています 部屋を きれいに。

箱に入れていけばこんなイメージになりますよ

S、V、O、Cの記号がどれに該当するのかも触れましたが、目的は英語の構造を思い出すこと。記号は忘れてもらって構いません。

　英語は基本的には型を頭に入れて、そこに言葉をはめ込んでいくだけです。基本の文を覚えてしまえば、言葉を入れ替えるだけで話せるようになるんですね。この点で、英語は日本語よりも単純なのです。「言葉の入れ物」として、基本的な骨組みや、言葉の位置を感じてみてください。

　たくさんの短い例文が頭にストックされていれば、いずれ「ここにこの言葉がくるのは、何となくおかしい」と感じる"予測文法"が身につくようになるわけです。

　そこで、本書のテーマとなる「話すための英文法」とは、
　・たくさんの例文をわかりやすく整理するためのもの
　・すべての例文を丸暗記しなくても、応用がきくようにするためのもの
くらいの感覚です。

3　5文型を知らなくても英語は話せる!

おさらいのために、5文型を紹介しますが…

　誰もが習った英語の5文型の一覧です。懐かしいですね。でも、試験でも研究でもないので、うっかり文型や記号を覚えることに力を入れないでください。「こんなのを習ったな」程度にとどめてOKです。

第1文型	SV	I walk (every day).	私は（毎日）散歩します。	
第2文型	SVC	I'm an engineer. I'm a big Red Sox fan.	私はエンジニアです。 私はレッドソックスの大ファンです。	S＝C
第3文型	SVO	I bought an iPad. He installed apps. I know him.	私はiPadを買いました。 彼はアプリをインストールしました。 私は彼を知っています。	S⇒O
第4文型	SVOO	She gave me a present. He showed me his plan.	彼女は私にプレゼントを渡しました。 彼は私に企画を見せました。	S⇒O←O
第5文型	SVOC	I named my dog Pochi. I find him funny. She keeps her room clean.	私は犬にポチと名づけました。 彼はおもしろいと思います。 彼女は部屋をきれいにしています。	S⇒O＝C

5文型は知らなくてもいい

　5文型がどうなのかを細かく分析するのではなく、「英語で話すときは、頭を整理するために5文型を使ってみよう」程度に考えれば大丈夫です。この表は覚えなくて全然構いません。

第1文型	何が	どうする		
第2文型	何が	何だ・どんなだ		
第3文型	何が	どうする	何を	
第4文型	何が	どうする	何に	何を
第5文型	何が	どうする	何を	何と・どんな状態に

　英語をきっちり見ていくと、その分類の仕方によっては文型は5つでは足りず、逆に大きくわければ文型は3つや4つでもいいはずだという声も聞かれます。あらためて考えてみると、この文が第何文型かを厳密に覚える必要があるのだろうか…、と疑問に感じることもあります。

　私たちが日本語を話すときに文法を考えないように、英語のネイティブだって5文型は考えていないと言います。正直、私も英語を書いたり話したりするときに、文型のことなど考えてはいません。頭の中にある英語の基本構造のストックや言葉などのパターンから、瞬間的に英語にして話しています。

　複雑な文章を読むときなどは、おおよそ文型なりのパターンが頭に入っていると構造がつかみやすいなど、活かし方はあります。でも話すときは、ここまで複雑なことを考えなくていいのです。

英語で話すときの頭の中

●英語で話し始めるには

　英語で話すときに、最初に頭の中ですることは、主語を決め、先ほどお伝えしたように「行く」「行かない」「行くの?」など、肯定・否定・疑問を示す「結論」を出すことです。

　　肯定なら　I go to ～
　　否定なら　I don't go ～
　　疑問なら　Do you go ～　　ですね。

==結論が決まれば、英語の"話し始め"は決まります。==先ほども書いた「英語はまず結論」の理由がここにあるわけですね。また、==英語は主語を曖昧にしにくい言葉であり、これで動詞の形も決まるため、主語も大切です。==
　続いて、自分がすでに頭の中に持っている英語の組み立てパターンから、話そうとしている内容に適した「型」を選んで単語を入れていきます。ときには話しながら「主語がこれだから、動詞の形がこれ」「この動詞の続きはこう」と、英語の型のルールにならって反射的に組み立てていくこともあります。この作業も、もちろん日本語を話すときと同じように瞬時の判断です。
　私たちは日本語を長年話してきて、たくさんの語彙とパターンを自分の中にストックしているために、言葉がスラスラ出てきます。それと同様に、できるだけたくさんの英語の語彙やフレーズパターンを持っているほど、幅広い内容を瞬間的に英語で話せるようになるでしょう。

〈話し始めるための3ステップ〉
❶主語を決める
❷結論を決める
❸型を決める

●**話すための文法の役割**
　まずは基本パターンを持って応用するだけでも、日常的な会話は頭の中で組み立てられます。さらに慣用句や決まった言い回しを、そのまま覚えてしまえば完璧。
　あとは、運動で鍛えれば筋力と瞬発力がつくように、英語も繰り返しいろんな場面に遭遇するほど、言葉を変換する反射神経が鍛えられていきます。こうして頭の中にたくさんの英語を蓄積して、いろんな場面で使うほどに、日本語の訳ではなく英語のまま話せるようになると思います。

　でも、長年日本語を話してきた大人にとって、いきなり"英語のまま"受け入れるのは難しいもの。
　そこで、文法で整理するわけです。
　文法は、初めて遭遇した文や話そうとした言葉が、およそどのパターンにハマるのかを分類するために役立ちます。「toに続く動詞は普通は原形」といった決まりのおかげで、すべての例文を覚える必要はなく、次には一

度登場したパターンを応用できるようになります。

　ただ話すことを目的にするなら、文法用語はお互いが英語の説明を理解するための記号にすぎませんし、「この構文はどの構文か」といった学び方は必要ありません。自分で整理しやすいように覚えればいいだけです。

　こうして文法の引き出しを頭の中に作って分類・整理することで、たくさんの表現やパターンのストックが瞬時に取り出せるわけです。そして、いずれは日本語と同様に深く考えなくても「ここでは、これ」「この表現はおかしい」…と感じられる"予測文法"が身につくのです。

　　〈話すための英文法の役割〉
　　　自分の頭の中に蓄積した英語を、自分なりに整理・分類して
　　　使いやすくすること。

●英語に訳すためのコツ
　誰でも最初は、日本語から訳していくことになると思います。そのときのポイントは、日本語をできるだけ簡単にすることと、"何が""どうした"といった英語の構造に合わせることです。

　日本語から英語に通訳をするときには、誰かが自分の考えをその人なりの表現で話したことを、英語に変換します。だから、話した人の「真意」を理解して日本語を意訳して、そこから英語らしい表現に直します。あるいは、できるだけ頭から訳して「それというのは」といった言葉でつなぐこともあります。
　でも、自分で話すときは「自分の言いたいこと」はすでに決まっており、表現のニュアンスもわかります。だから、日本語を意訳する作業はいりません。
　それでも、自分の中では英語力より日本語力のほうがレベルが高いために、英語の語彙が追いつかなかったり、こなれた日本語から直接訳そうとして訳せなかったりで…、結果として「話せない」現象が発生してしまうのです。

　そこで、英語に置き換えられないときには、日本語で「違った言い方」にしてみます。意味が同じでも言い方はいろいろありえます。つまり、日本語どうしで意訳するわけですね。それも、できるだけ簡単な日本語にで

す。たとえば「訂正する」が英語にできなければ、「直す」「変える」などにしてみればcorrectやchangeという英語が浮かぶかもしれませんよ。

　会話で「昨日忙しくて、パーティーに行けなかった」なら、「私は、行けなかった」から始めます。

　「忙しかった」は、理由として「なぜなら忙しかったから＝because～」で加えてみる。

　あるいは「私は忙しかった」「私はパーティに行けなかった」と結論を2回言う…など。

　これを一文にしたければ「that's why＝そのために」でつなげばいいわけです。日本語の言い換えはあれこれできることでしょう。

　途中で文がねじれたり、結論がひっくり返ったりすることがないまま、一度終わらせる。それだけで、自分が持っている英語の型に入れやすくなると思います。

〈英語に訳すためのコツ〉
　できるだけ簡単で、自分が英語にできる日本語を選ぶ
　　　↓
　英語の型にあてはまるよう、日本語を並べかえる
　　　↓
　英訳する

日本語から英語へ実際に変更してみよう

　たとえば英語で「昨日、(自分のところに) 荷物が届いた」と言うとします。

「結論」にあたるのが「届いた」　＝ arrived
「何が」にあたるのが「荷物」　＝ the package
「いつ」にあたるのが「昨日」　＝ yesterday

"何が" "どうした" ➡「荷物が届いた」＝ The package arrived.
　場所・時間は最後に置けばいいので　The package arrived ＋ yesterday で解決。
　これが瞬時に頭の中で行われる変換パターンです。

ところが、「届いた」が浮かばない、荷物が主語では自分の中で英語にできない…ということもあるかもしれません。そんなときには、まず「届いた」を"別の日本語で言い換え"をしてみます。先ほど説明した"日本語どうしの意訳"ですね。次のように行います。

　届いた≒受け取った (got /received)、到着した (got/ arrived)、送られた (sent) etc...
　「荷物が届いた」≒「私が荷物を受け取った」「荷物が到着した」「荷物が人によって送られた」etc...

　「受け取る」なら、主語は「私」になりますね。
　「送られた」ならば、主語は送り主となりますが、誰か (Somebody) としておけばいいでしょう。

　つまりここでする作業は、次の通りです。

> ❶「荷物が」「届いた」を、そのまま英語で組み立ててみる
> ❷「届いた」（結論）の英訳がわからなければ、「届いた」を自分が英訳できる別の日本語で言い換えてみる
> ❸最初から主語を「私」（あるいは、彼・彼女など人）に変えてしまう

　昨日、　荷物が　届いた。
（いつ）（主語）（結論）

❶そのままで英語にできるとき
（結論）届いた
　　↓英語に変換
arrive
　↓
（主語）「荷物」のままで英語に
The package arrived.

❷ **単語や型が浮かばない、直訳できない etc...**

「単語」「英語の型」が浮かばない
　↓日本語の言い換え
「届いた」≒「受け取る」「到着する」「送られた」
　↓英語にできる言葉を選ぶ
今回は「受け取った」を選ぶとする
　↓主語を設定する
「受け取った」ならば、主語は「私＝I」となる
　私は　　受け取った　荷物を
（何が）　（どうした）　（何を）
　↓
I received the package.

❸ **最初から人を主語にする。**
　基本的には、人を主語にするパターンを覚えていることが多いため、最初から人を主語に選んで「どうした」にあたる動詞の言い換えをする。
　誰かが　送った　　私に　荷物を
（何が）　（どうした）（何に）（何を）
　↓
Somebody sent me the package.

　例文からお気づきの人もいるかもしれませんが、それぞれが異なった形で、学校で習った英語の文型パターンにあてはまります。でも、最初に文型から考えた人はほとんどいないのではないでしょうか。
　5文型ではなく、以上のような流れで組み立てる「型」が頭に入っていると、次に英語を話すときには「型」に言葉を入れ替えるだけになります。
　上記はあくまでも変換の一例にすぎませんが、これから自分の中に持っておきたい英文の例を「型」から見ていきましょう。

Rule 3　自分について話すことから考えてみよう

　では、まずは自分のことを話す練習をして感覚をつかみ、そこからいろんな主語を使う場合につなげていきましょう。
　このレッスンを通じて、英語で話すときは、どんな風に頭を働かせればいいのかが実感できるはずです。

1 「何が」「どうした」を話すときの頭の働かせ方

自分の行動を説明しよう

I walk.
私は散歩をします。

　英語の基本は、「主語」が「どうした」と考えていくこと。ただ、これだけでは文章として成立しないこともあります。ここでは「毎日」という言葉を補ってみましょう。「毎日＝ every day」は時なので、最後にくっつければいいだけです。

I walk every day.
私は毎日散歩をします。

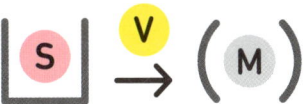

記憶を引っ張り出すために5文型で説明しますと、「SV」となる第1文型になります。でも、この==文型を知らなくても「何が」「どうした」で英文は作れてしまいますよね。==

他の人・事柄について話してみよう

主語が私（自分）でない場合も同様で、「何が（主語）」が「どうした」と考えるだけです。

This bird sings.
この鳥が鳴いています。

This 〜 sings は「〜が鳴いています」となりますが、「〜」には、「カナリアでもスズメでも、好きな鳥をどうぞ」といった具合です。

「例文に言葉を入れる」というのは、例文のフレーズの骨組みパターンを見抜いて、言葉を入れ替える作業です。ここでは「"〜"の部分にポンと言葉を入れてみるだけ」と、簡単です。

組み立ての型は〈主語＋動詞〉となりましたが、同じ構造の英文は他にも次のようなものがあります。

> I walk to the station every morning.／私は毎朝、駅まで歩きます。
> I go to the office by train.／私は電車で仕事に行きます。
> My office is in XX building.／オフィスはＸＸビルにあります。
> Our team did really well.／私たちのチームは本当によくやりました。
> He swims in the pool.／彼はプールで泳いでいます。

例文で言葉を入れ替えて、別の英文を作る作業をしてみましょう。

3つ目の My office is in XX building. の骨組みのパターンは、「X is in Y」です。これを「型」としてXやYに言葉を入れ替えれば、The new restaurant is in AA building.（新しいイタリア料理店はＡＡビルにあります）。

このようにひとつの例文からでも、いろんな表現ができてしまうのです。

2 「何は」「どんなだ」を話すときの頭の働かせ方

今度は、誰かに「主語の情報を伝える話」をすることにしましょう。

be動詞を使ってみる

I am a student.
私は学生です。

I＝student　（私＝学生）

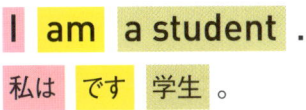

S、V、Cという記号でその構造を説明しましたが、記号は忘れて構造として見てもらえれば大丈夫です。

細かく日本語から訳していこうとすると、複雑な表現になったときに英語で説明がつかなくなり「話せない」状態になります。

そこで、「私は」「何だ」（「どういう状態だ」）の基本構造「I am A.／私はAです」を「型」として持って、語句を入れ替えれば簡単に英文が作れます。

I am very busy these days.
私は最近、とても忙しいです。

基本は、I am very busy. です。very は busy を飾って強めている言葉。these days（最近）は、後ろから説明をしています。時間や期日などは、最後や最初につけることが多いので、この形を覚えてしまうと、かなり使いまわせます。

be 動詞を使うこの型の英文としては、次のようなものがあります。

I'm tall. ／私は背が高いです。
My hobby is running. ／私の趣味はランニングです。
I'm perfectly healthy. ／私はとても健康です。

be 動詞の後にくるのは、名詞と形容詞だけではありません。前置詞、〜 ing など、様々なものが存在します。

I'm on duty now. ／私は今仕事中です。
I was swimming during my lunch break.
私は昼休みに泳いでいました。

一般動詞を使ってみる

You look nice.
あなたは素敵ですね。
You = nice （あなた＝素敵）

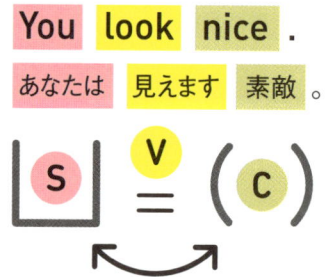

　一般動詞では、動詞そのものから「どんな動きか」がわかります。この例文の直訳は「あなたは素敵に見える」となり、動詞を日本語に置き換えると「見える」「感じがする」といったニュアンスになります。ここでの"ニュアンス"とは英語からの直訳以上に、そこに含まれた意味合いのこと。

ただ、日本語そのままに「素敵ね」では主語が見つからないなど、言葉が足りなくて英語にできないかもしれません。そこで、ここに含まれたニュアンスから「あなたは素敵に見える」なのか「それはいい感じがする」なのか考えて主語を補い、英語で言いやすい日本語に置き換えてみましょう。そのときも、英語の型を意識して日本語を組み立てると話しやすくなりますよ。

●変わったことを表す動詞
　become, change, sound など

I became a new manager.
私はマネージャーになりました。

　I changed my mind. ／気が変わりました。

●同じ状態を表す動詞
　remain, stay など

Everything remains the same.
特に変わりはありません。（すべては同じままです。）

　We have stayed about the same as last year.
　私たちは、昨年とおおよそ同じまま横ばいです。

●感じる動詞
　look, sound, feel など

I feel good today.
今日は気分がいいです。

　That sounds great! ／それはいいですね！

●事実の発覚を示す動詞

seem, appear, proved, turn out など

He seems very tired.

彼はとても疲れて見えます。

It turned out to be true. ／それは本当だとわかりました。

3 「何は」「何に」「何をした」を話すときの頭の働かせ方

主語が対象に働きかける・作用する

主語が「何かを買う」「何かを知る」「何をする」といった、ある対象に働きかけたり、作用をするときの「型」になります。

I bought a cell phone.

私は携帯電話を買いました。　（私は →（買う） 携帯電話を）

I bought a cell phone.

私は 買いました 携帯電話を。

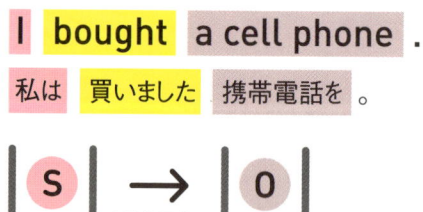

まずはS、V、Oという記号をひっぱり出してみましたが、ここで必要なのは「何が」「どうした」と考えて、最後に「何に対して」にあたる言葉を入れていくことだけです。

この英文の場合は、「私は」「買った」「携帯電話を」と頭の中で組み立てるわけですね。

この型に該当する例文は、こちらです。

I know him. ／私は彼を知っています。 （私は → 彼を）
知っている

He installed apps. ／彼はアプリをインストールしました。
（彼は → アプリを）
インストールする

She has beautiful hair. ／彼女は髪がキレイです。
（彼女は → キレイな髪を）
持つ

I do yoga every weekend. ／私は週末にヨガをします。
（私は → ヨガを）
する

4 「誰に」「何を」を話すときの頭の働かせ方

人に情報や物を渡す「誰に」「何を」

人に渡したり、伝えたりするときには、「誰が」「どうした」の後に「誰に」「何を」が必要になります。

I gave her a present.
私は彼女にプレゼントを渡しました。

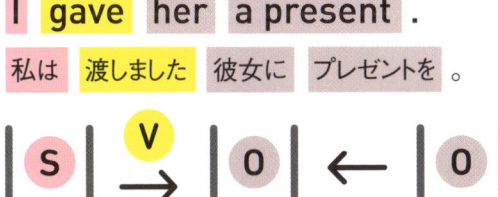

ちなみにこの型を第4文型と呼び「ＳＶＯＯ」と習いましたが、もうおわかりの通り、英語の記憶を引っ張り出したらあとは深く知らなくて大丈夫ですよね。

前置詞でよりわかりやすく

実はこの「誰が、どうした、誰に、何を」の型は、for や to などの"前置詞"

029

をつけて、わかりやすくすることもできます。次のような例文で、見てみましょう。

He showed me his plan.

He showed his plan to me.
彼は、私に企画を見せてくれました。

　to me とすることで「誰に」がより強調されてわかりやすくなったことでしょう。前置詞は、それ自体が「方向性」、「時間・空間」、「位置」などを示してくれます。ここでは to が「誰に対して」という方向性を示してくれているわけですね。

　　I showed my boss how to use a smartphone.

　　I showed how to use a smartphone to my boss.
　　私は上司にスマートフォンの使い方を教えました。

　　My wife made me a sweater.

　　My wife made a sweater for me.
　　妻が私にセーターを編んで（作って）くれました。

5 「何を」「どんな状態にした」を話すときの頭の働かせ方

「誰を」「どんな状態にした」のか

　先ほど出てきた構造では「何を」を最後に加えましたが、ここでは「どんな状態にしたか」を言うだけです。たとえば、次の英文が考えられます。

I made him angry.
私は彼を怒らせました。

I made him angry .
私は （さ せ）ました 彼を 怒らせる 。

S →V O = C

　前述しましたが、まずは「渡す」「お願いする」など結論にあたる動詞を決めることで、そのあとにくる言葉も決まり、結果としてその英語の型が決まります。ここでは made で「人を〜な状態に」するわけです。

最後にくる動詞は原型になることに注意!

　なお、最後に入れる語句ですが、「悲しい」「大きい」などの形容詞だけでなく、「走る」「怒る」「電話をする」などの動詞がくることもあります。
　形容詞についてはそのままですが、動詞はちょっと注意！ to 不定詞や〜ing 形になりそうですが、ここは原型になるのです。ちなみに、このような動詞を「原型不定詞」と呼びますが、この言葉は覚えておかなくてもいいですよ。

　この型を作るときに使う動詞は、主に2種類。ひとつは「使役動詞」、もうひとつは「知覚動詞」です。以下で、それぞれを見ていきましょう。

ニュアンスの異なる使役動詞を使いわける

have, make, let など

　使役動詞には「〜させる」の意味がありますが、単語によってニュアンスが変わります。make は「強制的なニュアンス」、have は「強制はしないけど、させる」、let は「自由意志でさせる」といった風に、相手に対する圧力が変わるのです。

●make

She makes me laugh.
彼女は私を笑わせました。

That makes me feel bad. ／何だか申し訳ないです。(そのことが私を申し訳ない気持ちにさせました。)

● have

I'll have him call you back.
彼に電話を折り返させます。
(私は彼に、あなたに電話をかけ直させます。)

Could you have someone come to my office? ／誰か、私のオフィスに来てもらえませんか？ (誰を私のオフィスに来るようにしてもらえませんか?)
I'll have my son bring the paper. ／息子に書類を持ってこさせるつもりです。

● let

Let me know when you have time.
時間ができたら、私に教えてください。

Would you let me do it? ／私にさせていただけないでしょうか。

ニュアンスの異なる知覚動詞を使いわける

see, hear, feel, watch, observe, notice, look at, listen to など

I saw my co-worker talk on the phone.
同僚が電話で話しているのを見ました。

I heard a bird sing.
鳥のさえずりを聞きました。

主語がない命令の形

　主語がないまま、動詞の原形で文を始める型があります。学校では"命令文"と習ったものですが、そこに Please をつけて人に頼んだり、誘いかけたり、勧めたりするだけでも、命令をやさしく包んでお願いのニュアンスに変えることもできます。

　こうした表現は直訳では意味をなさないものも多いので、英語が本来持つ意味を含めて理解して、そのまま覚えてしまいましょう。

Please call me Risa.
私をリサと呼んでください。
（　→呼んで　私　＝　リサ　）

> Don't get me down. ／私をガッカリさせないで。
> Give me a break. ／いいかげんにしてくれ。
> Leave me alone. ／ほっといて。
> Take it easy. ／気楽にいきましょう。

　ここまでで、5文型の全種類が登場しましたが、大切なのは5文型ではなく、英語を基礎の骨組みでとらえることです。英語の基礎構造を知って単語を型に入れ、フレーズを組み立てていくことで、英語がスラスラと話せるようになることでしょう。

　さて、英語の基礎を徹底解説する1日目は、ここまでです。ポイントをまとめてみるだけで、頭の中が整理されて英語を組み立てられるようになることでしょう。

> ＊英語は語順が大切である。
> ＊語順「何が」「どうした」〈主語＋動詞〉を基本に、英語の骨組みを頭の中でパターン化して、基礎構造を作る。
> ＊基礎構造ができたら、あとは語句をはめ込んでいくだけ。

　2日目となる明日は、言葉の順番や、英語の組み立ての要となる「動詞」の使い方を見ていきましょう。

Day 2

Today's Lesson

Rule 4
飾る言葉にも順番がある!

Rule 5
意味が変わる動詞を使いこなす

Rule 6
似た意味の動詞を使いわける

英語の語順については1日目に説明しましたが、今日も少しだけ続きをすることにします。
　ここで説明するのは、「何が」「どうした」という英語フレーズの基本的な構造でなく、形容詞や副詞の順番です。「大きい」「キレイ」といった飾りの言葉や、「明日」「どこで」といった時間や場所など付加的な情報の順番がどうなるかというお話です。
　たとえば、「私は昨日、図書館で英語を勉強しました」を英語にしたとき、時を表す「昨日」と、場所を表す「図書館で」では、どちらが先にくるでしょうか？　「気持ちのいい晴れた日」の「気持ちのいい」（感想）と「晴れた」（事実）では？…そんな決まりを見直してみましょう。

　英語を話す上で動詞はとても大切です。先にお話しした「結論」にあたる上に、動詞次第で次にどんな言葉がくるか「型」も決まってくるからです。
　その動詞の中でもまずは、多くのシーンで使えるものを習得しましょう。たとえばhaveは「持つ」、getは「得る」と学校で習いましたが、話の流れであらゆる意味に変わっていく便利な動詞でもあります。こうした、幅広い意味をカバーする動詞を使いこなす練習をします。

　動詞は日本語では同じ訳でも、英語ではそれぞれが持つニュアンスが違ってきます。「見る」のlookとsee、「話す」のspeakとtalkなどなど。
　ここでは、そんな言葉の違いを見ていきながら、より正確に伝わる動詞の選び方を身につけます。

Rule 4 飾る言葉にも順番がある!

1 「場所→時」が基本

英語では、〈場所〉が〈時〉よりも先にきます。

I'll go to the shop tomorrow.
　　　　　　　（場所）　　　　（時）

明日、そのお店に行きます。

同じように考えれば…、

- ○　I came here before.
- ×　I came before here.
　　私は以前、ここに来たことがあります。

- ○　The baseball game will be held at the park this weekend.
- ×　The baseball game will be held this weekend at the park.
　　野球の試合は公園で今週末に開催されます。

2 「動きを強める言葉」の位置は、動詞の種類で決まる

「いつも」「決して〜ない」「たいてい」他、動作を飾ったり強めたりする言葉は、一般動詞の前か、be動詞の後ろにきます。

He is always late for school.
彼はいつも学校に遅刻します。

I usually wake up at 6:30.
私はたいてい、6時半に起きます。

	（前）		（後ろ）
I	am	always ／いつも	go
	have	never ／決して～ない	walk
	など	often ／頻繁に	find
		usually ／たいてい	など
		already ／既に	
		sometimes ／時々	

I always go to work by train. ／私はいつも電車で仕事に行きます。
It is often rainy in June. ／6月はよく雨が降ります。
She is usually at home on weekends. ／彼女は週末はたいてい、家にいます。
We sometimes play soccer. ／私たちは時々サッカーをします。
I have already prepared dinner. ／私はもう夕食の準備をしました。

3 飾る言葉の順番にもおおよそのルールがある

飾る言葉には、おおよその順番があります。基本はこんな順番です。

「大きさ→新しさ・古さ→色→出身→素材」
ただ、話すときにさほど気にする必要はありません。

The little, red-haired girl
ちっちゃな 赤毛の 女の子　〈大きさ→様態（素材）〉

A big, old, brick house
大きな 古い レンガの 家　〈大きさ→古さ→素材〉

4 「主観→客観」が基本

飾る言葉は、さらに次のような順番になります。まずは自分の意見、それから事実と覚えておきましょう。

「主観的な意見（キレイ、いい、すばらしいなど）→客観的な事実（晴れた、青いなど）」

It's a nice sunny day.
　　　　（主観的な意見）（客観的な意見）
気持ちのいい晴れた日だ。

Rule 5　意味が変わる動詞を使いこなす

今度は、使い方次第で意味が変わる、いろんな場面で活躍する動詞を見ていきましょう。どれも、あらゆるシーンで使いまわせる動詞の代表的なものです。

1　後ろにくるもので意味が左右されるget

「手に入れる」「ある状態になる」「到着する」など、後にくる言葉次第で、会話の中でいろいろ意味を変えて使えるのが get です。

get + 名詞【受け取る／手に入れる／買う／見つける／理解する】

情報や物を得たり、何かがわかったときなどに使います。この「得る」は、receive , buy , find などの意味合いになります。

● 「受け取る」

I got an e-mail from my client.
クライアントからメールを受け取りました。

● 「手に入れる」

I'll get her to help us.
人手がほしいので、彼女を呼びます。
（私たちを手伝うために、彼女を手に入れます。）

● 「買う」

I'll **get** something for lunch.
昼食に何か買ってきます。

● 「見つける」

It's really hard to **get** a job.
仕事を見つけるのは、本当に大変です。

● 「理解する」

Do you **get** it?
（言っていることが）わかりますか？

> 後ろの言葉から get の意味は見当がつきますよ

get ＋ 形容詞【〜な状態になる】

　get ＋形容詞のときには「〜な状態になる」と訳され、become のニュアンスとなります。

It's **getting** cold.
だんだん寒くなってきました。

She **got** dressed for the wedding ceremony.
彼女は結婚式用の身支度をしました。
I hope you **get** better soon.
すぐに、よくなりますように。（私はあなたに、すぐによくなってほしいです。）
I'll send you a map, so you don't **get** lost.
地図を送ります。そうすれば、迷わないでしょう（迷った状態にならないでしょう）。
I didn't know that he **got** angry.
彼が怒っているとは知らなかったです。

get + in / out / on / off / up / down 【〜の動作】

getの後ろに前置詞がくると、前置詞が持つイメージにあわせた動きや状態を表します。

たとえば、get on the train なら、状態になる get と、何かにくっつくイメージの on が組み合わさることで「(電車) に乗る」となります。get up なら上へ行く動作で「起き上がる」という意味になります。

He got in the car.
彼は車に乗りこみました。(車の中に入る)

She got out of school early yesterday.
彼女は昨日、学校を早く出ました。

Many people got on the bus and got off at the station.
大勢がバスに乗って、駅で降りました。(バスにくっついて、離れる)

I woke up at 6:30 and got up in 10 minutes.
6時半に目が覚めて、10分ほどで起き上がりました。
(体を上に向かわせる)

Let's get down to business.
仕事に取りかかりましょう。(仕事に向かっていく感じに)

get + (to) 場所 【〜に到着する】

どこか場所に向かうときに使われる表現です。この get は arrive の意味に変わります。

How are you going to get to the restaurant?
レストランに、どうやって行くのですか?
(あなたは、どのようにしてレストランに到着するつもりですか?)

We'll get to the station at 19:30. ／私たちは、19時半には駅に到着する予定です。
When did you get here? ／いつここに着いたのですか？
I don't remember how I got home last night.
夕べどうやって帰ってきたか（自宅に到着したのか）、覚えていません。

2 「持つ」の意味だけではないhave

　私たちがすぐに思い浮かべるイメージは「持つ」ですが、「持つ」から派生して「そういう状態になる」「（時間を）過ごす」「食べる・飲む」「会う」など、様々な意味を持ちます。つまり、haveもいろんな動詞の代わりをしてくれるのです。

have ＋ モノ・状態【〜な状態になる】

She doesn't have a job yet.
彼女はまだ仕事がありません（仕事を持っていません）。

I had a quarrel with my girlfriend.
彼女と口論になりました（口論を持ちました）。
Did you have a good time? ／楽しかった？（よい時間を過ごしましたか？）
Have a nice weekend! ／楽しい週末を！（よい週末を過ごしてね!）
Do you have the time? ／今何時かわかりますか？（時刻がわかりますか？）

have ＋ 病気【〜な状態になる】

I have a sore throat.
喉が痛い（痛い喉の状態です）。

Do you have a cold? ／風邪ひいた？（風邪にかかっていますか？）
I have a stomachache. ／お腹が痛いです。（腹痛の状態です。）

Do you have a cough and a runny nose? ／咳と鼻水は？（咳と鼻水はありますか？）
I have terrible jet lag. ／時差ボケがひどいです。（私は極度の時差ボケの状態です。）

have ＋ 飲食物【〜を飲食する】

I'll have sandwiches for lunch.
昼食はサンドウィッチを食べようと思っています。

He has coffee every morning. ／彼は毎朝コーヒーを飲みます。
Have some chocolate. ／チョコレートをどうぞ。（チョコレートを食べてね。）
She is having breakfast now. ／彼女は今、朝食を食べているところです。
Would you like to have a snack? ／軽食はいかがですか？（軽食を食べるのはいかがでしょうか？）

3 「作る」「働きかける」などの意味を持つmake

「作る」「生み出す」「何かに働きかける」など、場面によっていろんな意味に変わります。make も幅広いシーンで活躍する動詞です。

Let's make a call to her office.
彼女の会社に電話をしてみましょう。（彼女への電話をかけましょう）。

Sorry, but I made a mistake. ／すみません、間違えました。
I made a reservation for four at the restaurant for 19:00.
あのレストランに、午後7時に4人で予約を入れました。
Did you make an appointment with your client? ／クライアントとアポをとりましたか？
I'll make coffee, would you like some? ／コーヒーを入れますけど（コーヒーを作りますけど）、いりますか？
She made me angry. ／彼女が私を怒らせたんです。

He always makes me happy. ／彼といるといつも楽しい。（彼は私をいつも楽しくさせます。）
Don't make any noise. ／音を立てないように。（どんな音も出さないように。）
Make up your bed by yourself. ／自分でベッドを直しなさい。（自分でベッドを整えなさい。）

4 「つき進む」イメージのgo

「行く」「（何かに向かって）進む」などを表す単語です。
後にくる前置詞の意味がわかれば、その使い方も幅が広がります。

go to + 場所など【～へ行く】

go to　　Canada ／カナダへ行く
　　　　 the hospital ／病院へ行く
　　　　 my friend's house ／友人の家へ行く
　　　　 school ／学校へ行く
　　　　 the office ／オフィスへ行く
　　　　 the library ／図書館へ行く
　　　　 bed ／寝る（ベッドへ行く）

go on + 行動など【～を始める・～に行く】

go on　　a diet ／ダイエットを始める
　　　　 a trip ／旅行に行く
　　　　 a mountain climbing expedition ／登山に行く（を始める）
　　　　 vacation ／休暇をとり始める

go for + 動作を表す名詞【～に出る（～のために出かける）】

go for　 a walk ／散歩に出る
　　　　 a drive ／ドライブに出る
　　　　 a swim ／泳ぎに出る
　　　　 dinner ／夕食（を食べ）に行く
　　　　 it! ／（がむしゃらに）がんばれ！（それのために進め！）

go ～ing【～に行く・出る】

スポーツやレクリエーションなどに出かけるとき。
　go　shopping ／買い物に出る
　　　skiing ／スキーに行く
　　　jogging ／ジョギングに出る
　　　fishing ／釣りに出かける

5 「渡す」「与える」の give / pass / buy / get

人に何かを渡す、与えるときの動詞です。
　たとえば give の後に直接「人」がくると続けて「物事」になりますが、give の後に「物事」がくると「to 人」になるなど、語順にも決まりがあります。

　以下の２つの例文は、いずれも「彼に電話番号を渡しておきますよ」を意味します。

❶ give 人　物事

　　I'll give him your phone number.

❷ give 物事　to 人

　　I'll give your phone number to him.

　この形は「人に何かを渡す・与える」ニュアンスを持つ他の動詞 lend や send でも同様に使えます。
　ただし、よく食卓で使う「塩とって」で使う動詞 pass（渡す）のときは pass me と直接人がくる形のみになります。

Pass me the salt, please.
塩をとってください。（私に塩を渡してください。）

buy や get など、物を手に入れるときには「buy 物 for 人」「get 物 for 人」というように、捧げるニュアンスの for を伴います。

I got my sister a present.
I got a present for my sister.
妹にプレゼントを買ってあげました。

Rule 6 似た意味の動詞を使いわける

　動詞には、似た意味のものがたくさんありますが、それぞれが異なるニュアンスを含みます。日本語に訳せば同じ「話す」でも、speak と talk とでは、意味合いは違います。
　ここでは、似た意味を持つ動詞を分類していくことにしましょう。

1 話す（speak / talk / say / tell）を使いわける

　speak も talk も say も tell も日本語ではすべて、「話す」と訳されます。でも実は、それぞれはニュアンスも違えば、使える場面も違うのです。

speak

聞き手が不特定多数、あるいは特定されず、公のコメントを話すとき。
電話や人に話しかける、考えや気持ちを声にするとき。

speak

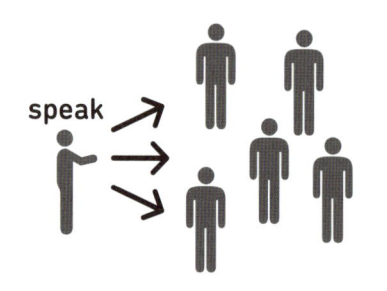

「話す」の動詞は種類が多いけど…違いを意識して！

He'll speak about the manifest.
彼は公約について話すつもりです。

May I speak to Mr. Smith?
スミスさんとお話できますか？

talk

聞き手が特定されている場面で、双方向のコミュニケーションが発生するシーンで主に使われます。

ただし、赤ちゃんやペットなどへの語りかけのように一方的に話すときにも、話しかける相手が特定されているなら talk が使われます。

We usually talk over a glass of beer.
私たちは、たいていはビールを飲みながら話をします。

Talk to me.
私に話してごらん。

say

発言する「言葉」や「内容」に焦点をあてた表現。 Did she say so?（彼女はそんな風に言ってた？）なら「言っていた内容」、Please say hi to him.（彼によろしく伝えてください。）なら「hi と言うこと」に焦点をあてて使います。What you said to me is really something.（あなたの意見はとても意義があります。）なら「あなたが言ったこと」が重視されています。

また、動物が鳴くのも say です。Frogs say ribbit.（カエルはゲコゲコと鳴きます。）

Did she say so?
彼女がそう言っていたのですか？

tell

「情報の伝達」を担う動詞です。相手の返答を気にせずに、気持ちや情報などを相手に伝えるときに使います。相手からすれば「何かしら情報を受け取る」状態のときに使われるのです。

「〜を教えてほしい」というときには、Could you tell me 〜? を使います。

Could you tell me how to get to the station?
駅への行き方を教えてくれますか？

He said that he'll show up later.
He told me that he'll show up later.
彼は後で来ると、言ってました。

047

sayのほうは「来ると言っていた」こと自体に焦点があてられて、tellのほうは「来るという情報を私に伝えたこと」に焦点があてられています。とはいえ、会話ではあまり厳密に区別しないこともあります。

また、sayにはtoをつけることはできますが、tellにはつけないという違いがあります。

What did he say to you?
What did he tell you?
彼はあなたに何と言いましたか？

2 見る(look / see / watch / stare)を使いわける

「見る」の動作は、意識して視線を向けるlook、自然と視界に入ってくるsee、動いているものをじっと見るwatchなどの違いで使いわけます。

look

「対象に視線を向けてみる」「意識して見る」

see

「対象が視野内にあって見える」「目に入る」「心でわかる」「様子をうかがう」

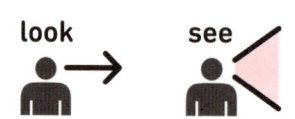

watch

「時間をかけて、動いている対象を（変化を期待して）見ている」

stare

「じっと見つめる。まじまじと見る」

「見る」の動詞も同時に比較すれば違いは一目瞭然！

Let's look up at the sky.
空を見上げましょう。

Did you see her today?
今日彼女を見かけましたか？

I watch TV every night.
毎晩テレビを見ます。

She always stares at me.
彼女はいつも私をじろじろ見ます。

3 聞く（listen / hear）を使いわける

「聞く」には、しっかり耳を傾けて聞く listen と、耳に入ってくる hear があります。

listen

「意識してよく聞く」
　音楽を聞いたり、耳に手をあててしっかり話を聞くようなときに使います。

Listen to me.
話を聞いてちょうだい。

hear

「聞こえる」「相手の言っていることがわかる」
　遠くから何かが聞こえてきたり、ちょっと耳にはさんだりするときに使います。

I hear something upstairs.
2階から物音が聞こえてきます。

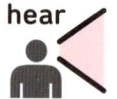

listen　hear

I like listening to music.
音楽を聞くのが好きです。

I can't hear you well.
電話が遠いです。（あなたの声がよく聞こえません。）

4 させる（make / have / let / get）を使いわける

　先ほども登場した、人に「〜させる」という意味の使役動詞。させる力関係の強さが違います。

make

相手の意志に関係なく、相手にさせるときに使います。

●make + 目的語（人）+ 動詞の原型（原型不定詞）

My boss made me bring coffee.
上司が私にコーヒーを運ばせました。

●make + 目的語（人）+ 形容詞

She always makes me happy.
彼女はいつもいい気分にさせてくれます。

050

have

多少の強制力がありつつも、それほど強い力は働かせません。

● have ＋ 目的語（人）＋ 動詞の原型（原型不定詞）

I'll have him call you back.
折り返し、彼に電話させますね。

Could you have him call me back?
折り返し彼に、電話をしてもらえますか？

● have ＋ 目的語（物）＋ 過去分詞

She had her bag carried to her room.
彼女は部屋に荷物を運んでもらった。

let

相手からの希望がまずあって、それに対して許可を出すイメージです。

● let ＋ 目的語（人）＋ 動詞の原型（原型不定詞）

I'll let you go now.
そろそろ失礼します。（私は今、あなたを行かせましょう。）

Let me go! ／行かせてよ。／離してよ！（私に行かせてよ。）
Let me call him. ／彼に電話してみるよ。（私に、彼に電話させてよ。）

● Let's（Let us）＋ 動詞の原型

人に何かを一緒にしてほしいときに使います。

Let's eat out tonight.
今夜は外で食べましょう。

get

<mark>相手をなだめるようにお願いして、念願かなう感じでやってもらいます。</mark>

● get ＋ 目的語（人）＋ to 不定詞　※注意! ここだけtoがつく

He gets his wife to calm down.
彼は妻を落ち着かせました。

The teacher gets his students to sit down quickly.
先生はすぐに生徒を席に着かせました。

● get ＋ 目的語（物）＋ 過去分詞

I got my teeth fixed.
歯を治してもらいました。

5 要求を出す（would like to / want to）を使いわける

　自分がしたいことを伝えるときに頻出する would like to。よく I'd like to do. のように短縮して使われます。<mark>want to よりも丁寧な感じで、</mark>お願いするように伝わります。
　一方の want to は、相手に要求したり、自分の要望を伝えるときに使うと<mark>子供っぽいイメージになりがち</mark>なので、注意が必要です。

would like to【〜したい】

● would like ＋ to　【〜したい】

I would like to call him.
彼に電話をしたいです。

A : <u>Would</u> you <u>like to</u> join us?
一緒にいかがですか？（あなたは私たちに加わり<u>たい</u>ですか？）

B : No, I'd prefer to stay home.
いいえ、家にいるほうがいいです

● would like + 目的語（人）+ to　【人に～してほしい】

　I <u>would like</u> you <u>to</u> call him.
　あなたに、彼に電話して<u>いただきたいです</u>。

want to【～したい】

　前述したように、自分の要望を伝えるときには would like to のほうが好ましく、want to を使うと少し子供っぽい印象に。
　ただ、「自分が将来～になりたい」といった希望のときに使えば、強い印象として伝わります。
　また、教室で先生が「～やってください」と言うときなどにも、普通に使われます。

● want + to　【～したい】

　I <u>want to</u> be an engineer.
　私はエンジニアになり<u>たい</u>です。

● want + 目的語（人）+ to　【人に～してほしい】

　I <u>want</u> you <u>to</u> be an engineer.
　私はあなたにエンジニアになって<u>ほしいです</u>。

6 希望する（hope / wish）を使いわける

　hope も wish も日本語では「～だったらいいな」という希望を表す意味になります。でも、英語での両者のニュアンスは違います。
　hope は、これから実現可能なことを望むときの表現です。

一方で、wish は実現しなかったことを残念に思って「〜だったらよかったのにな」というニュアンスを含みます。

hope

　実現可能な望みを表現するときに使います。「これからそうなるといいな」という期待の意味合いが含まれます。

●hope + to 動詞　【〜したい】

I hope to transfer to the marketing section.
マーケティング部に移動したいなぁ。

●hope +（that）主語 + 動詞　【主語に〜してほしい】

I hope (that) everything will work out.
すべてうまくいきますように。（私はすべてがうまくいくことを希望しています。）

wish

　実現不可能な望みを表現するときに使い、そうならなかったことを後悔する意味合いが含まれます。
　現在のことを言うにもかかわらず、wish 以下の動詞は過去形になることにも注意しましょう。この用法を、仮定法と呼びます。

●wish + 仮定法過去　【今そうならいいのに、実際にはそうではない】

I wish it were cooler.
もっと涼しかったらなぁ。

I wish I knew his phone number.
彼の電話番号を知っていたらなぁ。

↓つまり…
If I knew his phone number, I would call him.
もし私が彼の電話番号を知っていたなら、彼に電話をするのに。

●wish + 仮定法過去完了【過去にそうだったらよかったのに、実際はそうではかった】

It was really hot. I <u>wish</u> it <u>had been</u> cooler.
すごい暑かった。もう少し涼しかったらなぁ。

　2日目は、動詞をまとめてみました。教科書で習わない動詞の意味も意外に多かったことでしょう。でも、どれも会話ではよく使う知識です。
　言いたい内容をしっかりとイメージして、瞬間的にベストな動詞が選べるようになると、会話の幅がかなり広がるはずです。
　また、自分が使う場面を思い浮かべたり、実際に動きながら自分の動作を英語で説明してみると、より幅広く使える英語表現が記憶に定着しますよ。

　さて、今日はここまで。
　明日は、動詞の形に大きく影響する時制について見ていきましょう。

Day 3

Today's Lesson

Rule 7
現在形には使える条件がある

Rule 8
過去形の動詞の変化は3種類

Rule 9
「今につながる過去」と、「つながらない過去」がある

Rule 10
will と be going to を使いわける

Rule 11
時刻や期間を伝える表現を極める

本日のテーマは、時制。現在、過去、未来の表現を整理します。
　過去と現在を結ぶ表現など、日本語の訳では同じでも、含まれる期間やニュアンスが違うこともあります。日本人にはちょっと感じにくい時間感覚も含めて時制を見ていきましょう。
　2日目で学んだ動詞は、時制で活用が変化するため、時制とは密接な関係にあります。時制も理解することで、動詞の使いこなしもさらに洗練されたものになるはずです。

....

　同じ"現在"を表す表現でも、日常的な習慣を表す「現在形」、今現在まさに取り組んでいる最中を表す「進行形」もあります。
　どんな場面で使って、どんな風に違うのかをお伝えします。

....

　過去形は ed をつけただけのものもあれば、不規則に変わるもの、変わらないものもあります。その変化の規則も含めて、あらためて頭の中で整理してみましょう。

....

　日本語では同じ「書類を作成した」だとしても、ある特定の時点を表す「過去形」と、過去から現在まで継続して今への影響を感じさせる「現在完了形」もあります。この時制の表現を比較してみましょう。

....

　「〜するつもりだ」を表現する will と be going to の違いや、「〜になりそうだ」というこれから起こりうる未来について見ていきます。

....

　最後に、日常的に使える、時を示す語句をまとめました。会話でよく使う表現ばかりです。

Rule 7 現在形には使える条件がある

1 普段の様子や普遍的な事実は「現在形」で

普段の様子を表す

　今すること、一般的な事実、時々起こること、日常的な習慣を話すときに使うのが現在形です。たとえば、毎朝そうじをする、ゴハンを食べる、会社に行く…といったことです。

I have breakfast (every morning).
（毎朝）私は朝食を食べます。

I buy coffee at a cafe every morning.
毎朝カフェでコーヒーを買います。

I usually skip breakfast.
たいてい朝食をぬきます。

　次の現在形も日常的な習慣を表しています。
　I have a red car. ／赤い車を持っています。
　I play soccer every morning. ／毎朝サッカーをします。
　I'm a bookkeeper. ／会計帳簿担当です。

　では、日常的な現在について伝える現在形と、今まさに何かが進んでいる進行形との違いを比較してみましょう（進行形そのものの詳しい解説は、後ほどします）。

I <u>drink</u> tea (every day).

（毎日）私はお茶を<u>飲みます</u>。

← <mark>「お茶を日常的に飲む」という事実</mark>を伝えています。

I'm <u>drinking</u> tea (now).

（今）私はお茶を<u>飲んでいます</u>。

← <mark>「今まさに飲んでいる」という動作</mark>を伝えています。

普遍的なことを表す

「太陽は西に沈む」といった<mark>普遍的なことも、現在形で表します</mark>。

The sun rises in the east.

太陽は東からのぼります。

The earth goes around the sun.

地球は太陽の周りをまわっています。

動詞にsがつく場合

主語が3人称・単数・現在形のときは、動詞にsをつけます。

3人称・単数とは、私・あなた以外の彼 he・彼女 she・それ it や固有名詞などの主語全般です。単数なので、彼ら they などは該当しません。

He speaks three languages.

<u>彼</u>は<u>3つの言語</u>を<u>話します</u>。

She start<u>s</u> work at 8:00a.m. ／彼女は<u>8時</u>に<u>仕事</u>を<u>始めます</u>。
It cost<u>s</u> a lot of money to take a taxi in Japan. ／日本でタクシーを使うとかなり<u>お金がかかります</u>。

(059)

- haveはhasに変わる

He has a big brown bag.
彼は大きな茶色いバッグを持っています。

She has carrot juice every morning. ／彼女は毎朝キャロットジュースを飲みます。

- 動詞の最後が es , ies , es に変わることもある

s/ sh / ch の後だと es がつく　push ➡ pushes　catch ➡ catches
y（ただし、y の直前が子音に限る）は y をとって　+ies
study ➡ studies　try ➡ tries
o で終わると +es　do ➡ does　go ➡ goes

否定文の作り方

don't / doesn't ＋動詞の原形
動詞の前に do not / does not がついて、その動詞を否定します。

I don't like preparing documents.
私は書類の準備が好きではありません。

She doesn't like preparing documents.
彼女は書類の準備が好きではありません。

I/ we / you/ they	don't	do
he / she / it	doesn't	does

2 今まさにしているときは「現在進行形」で表現する

　現在進行形は、「今まさに〜している」といったニュアンスであり、今の動きを感じられる表現なので、少し時間の幅が出ます。be 動詞＋（一般動詞）ing となります。

I'm talk<u>ing</u> on the phone.
電話中です。(私は電話を<u>かけている最中です</u>。)

I'm drink<u>ing</u> coffee.
コーヒーを<u>飲んでいます（飲んでいる最中です）</u>。

I drink coffee. ／コーヒーを（習慣として）飲んでいます。

次の2つも比較してみましょう。

❶ I clean up my desk (everyday).
　私は（毎日）机を片づけます。　←日常的に片づけている

❷ I'm clean<u>ing</u> up my desk (now).
　私は（今）机を片づけています。　←今、（たまたま）片づけ中

❶は「日常的に片づけをする」ので、いつもきれいな印象。❷は「今まさに片づけ中」という動きが感じられる表現です。
==同じ「今」を表す表現ですが、今まさに動いている最中と、日常的な幅を感じさせる表現の違いがあるのです。==

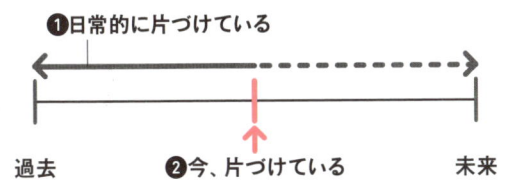

❶日常的に片づけている

過去　　❷今、片づけている　　未来

061

Rule 8 過去形の動詞の変化は3種類

1 過去形には3種類ある

過去に起こった出来事を表すときには、動詞が過去形になります。過去形には、次の3種類があります。

❶ -ed をつけて過去形に変わる動詞　❷不規則変化する　❸変わらない。

❷の不規則変化の例としては、take-took-taken。❸の変わらない動詞の例は read–read–read などですね。

❶edをつけて過去形に変わる動詞

I watch television (every day). ／（毎日）テレビを見ます。
↓
I watched television yesterday.
昨日はテレビを見ました。

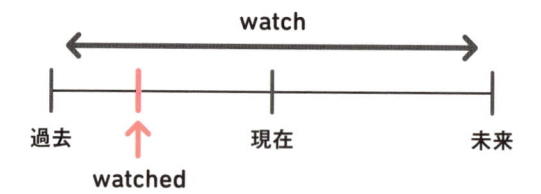

```
         watch
←——————|————|————→
過去    ↑   現在    未来
     watched
```

ed がつくほかにも不規則に変わるものや変わらない動詞も

● edで過去形になる動詞（規則動詞）の例

動詞に ed をつけるだけです。

clean → cleaned　　stay → stayed
need → needed　　start → started
decide → decided　　open → opened

● 綴りが変わる例

stop → stopped　　plan → planned
study → studied

❷不規則動詞

　過去形になると、動詞そのものが不規則に変化します。だから、そのまま変化の形を覚えるしかありません。よく登場する have（have-had-had）や take（take-took-taken）などはここで覚えてしまいましょう。

I take a bath every night.／毎晩お風呂に入ります。
↓
I took a bath last night.
昨晩はお風呂に入りました。

I have a sandwich for lunch.／昼食にはサンドウィッチを食べます。
↓
I had a sandwich for lunch.
昼食にサンドウィッチを食べました。

I always go to work by train.／いつも仕事に電車で行きます。
↓
I went to work by train (yesterday).
（昨日は）仕事に電車で行きました。

●不規則動詞の例

begin → began　　fall → fell　　catch → caught　　eat → ate

❸形が変わらない動詞

●形が変わらない動詞の例

quit　read　put

※形が変わらなくても、read の過去形は「リード」ではなく「レッド」と読むなど、読み方が変わるものもあります。

2 過去に何かをしている最中なら「過去進行形」

「過去のある時点で、何かをしている最中だった」という動作の期間を含みます。形は be 動詞＋（一般動詞）〜 ing です。

I watched TV last night. ／昨晩テレビを見ました。
↓

I was watching TV when you called me.
あなたが電話してきたとき、私はテレビを見ていました（見ている最中でした）。

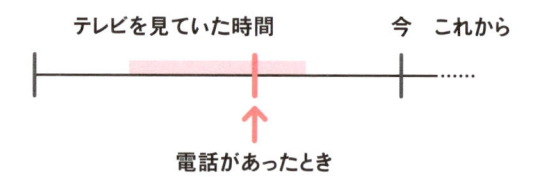

```
            テレビを見ていた時間        今  これから
    ├──────────────────────┼───────┤……
                    ↑
                電話があったとき
```

Rule 9 「今につながる過去」と、「つながらない過去」がある

1 「現在完了形」は今につながる過去を示す

過去形と和訳は同じでも、意味は違う!

現在完了形は、現在に影響を及ぼす過去の出来事で、過去のある時点から今につながってくる内容になります。have ＋過去分詞形の動詞（gone, told, washed, bought など）を使うことで、表現できます。

❶ I lost my wallet.
❷ I have lost my wallet.

日本語ではどちらも「財布をなくした」と訳せてしまいます。
ただし、❶では、「以前に財布をなくした。今その財布が手元にあるか

どうかまでは確認できない」となり、❷では「財布を過去になくしており、今も手元にない」ことを説明しています。

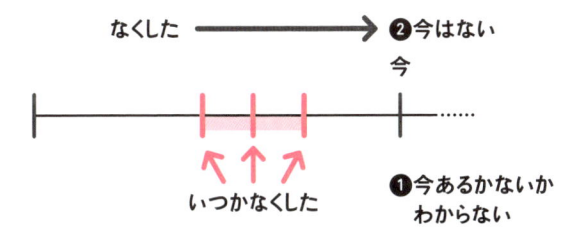

```
なくした ─────→ ❷今はない
                    今
├──┼─┼─┼──┼──……
   ↑ ↑ ↑       ❶今あるかないか
   いつかなくした    わからない
```

❶She made 20 handouts.
❷She has made 20 handouts.

いずれも「配布資料を20部作った」と説明しています。
でも、❶では「20部作った。これで終わり」となります。❷では「ここまで20部作った。これからもまだ作るかもしれない」となるわけです。
それでは、次の例文を見てみましょう。

His room was messy. ／彼の部屋は散らかっていました。
↓
He was cleaning up his room. ／彼は部屋を片づけていました。
↓

❶He cleaned up his room.
彼は部屋を片づけました。（今もキレイかはわからない）

❷He has cleaned up his room.
彼は部屋を片づけました（ので、今もキレイだ）。

　現在完了形を使った❷だと、部屋を片づけたことが今も作用しているので、今もキレイな状態がうかがえます。でも、過去形を使った❶では、過去のあるとき（いつかはわからないけれど）に片づけたけれど、今がどうかは感じられません。
　過去形と現在完了形の使いわけが、少し感じられたと思います。
　つまり、現在完了形には「今どうか」「前はどうだったか」の2つの時

点をつなげて、ひとつの文章で表現する役割があるわけです。

前はどうだったか + 今はどうか=現在完了形

つまり現在完了形とは、こういうことになります。

It was raining. ／雨が降っていました。
It stopped raining. ／雨がやみました。
It's not raining. ／今、雨は降っていません。
↓

It has stopped raining.
雨がやみました（今はもう降っていません）。

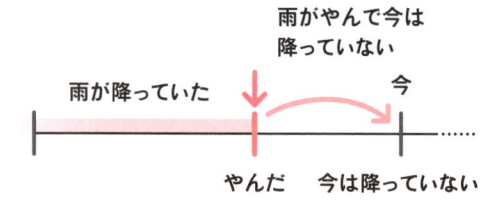

> 過去と今と両方を考えながら使いましょう

雨が降っていた　雨がやんで今は降っていない　今
やんだ　今は降っていない

現在完了形に、過去を示す語句は使えない！

現在完了形は、過去のある時点から今に影響してくる時間の範囲を含みます。そのため、範囲を示さない過去のある時点を表す語句（yesterday, last year, when I was 15 など）と一緒には使えません。

過去のある時点を表すためには、過去形を使います。

○I lost my umbrella yesterday. ／昨日、傘をなくしました。
×I've lost my umbrella yesterday.

○I've lost my umbrella.
傘をなくしました（今も、傘はありません）。

○I baked 20 cookies this morning. ／今朝、クッキーを20枚焼きました。

×I've baked 20 cookies this morning.

◯I've baked 20 cookies.
20枚クッキーを焼きました（まだ焼くかもしれませんが）。

現在形、現在進行形、過去形、過去進行形、現在完了形のおさらい

現在形	do	今や日常的にすること
現在進行形	am / are doing	今まさに動いていること
過去形	did	過去のある時点
過去進行形	was/were doing	過去の時間幅のある動作
現在完了形	have done	過去から今につながる期間

期間を聞いてみよう、答えてみよう

　How long have 〜? は「〜してきたのは、どのくらいの期間？」と聞く質問表現の定番です。

　答える場合は、期間を示すなら for を、いつからかといった起点を伝えるなら since を使います。

How long 〜?
どのくらいの長さ？

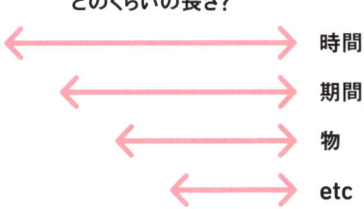

　　　時間
　　　期間
　　　物
　　　etc

　以下で、質問する人と答える人の会話を通じて、期間や起点を理解していきましょう。

●たずねる側

Sorry, I'm late.
遅くなって、ごめんなさい。

↓

●答える側

I've been waiting for you for 30 minutes.
30分間待っています。

I've been waiting for you since 7 o'clock.
7時から待っています。

●質問する側

How long have you known him?
彼をどのくらい（の間）知っていますか？

↓

●答える側

I've known him for three years.
彼を知って3年（間）ほどです。

I've known him since 2016.
2016年から彼を知っています。

●質問する側

How long have you been in Japan?
日本に来てどのくらいですか？

↓

●答える側

I have been in Japan for ten years.
日本に10年（間）ほどいます。

I have been in Japan <u>since</u> 2006.
2006年<u>から</u>日本にいます。

2 used toは過去の状態や習慣を示す

　used to を使うことで「以前は～だった」と、今と比べつつ過去の状態や習慣を表します。過去のことだけで、現在のことには使いません。
　used to の後には動詞の原形がきて、否定にするには I didn't used to ～となります。
　でも、疑問形にするには Did you use to となって、used の d がなくなりますが、このあたりは英語のネイティブもあまり気にせず使っているようです。

I <u>used to</u> work for an insurance company.
<u>かつては</u>、保険会社で働いて<u>いました</u>。　←かつての状態

↓そして今は…
I work for a real estate company now. ／今は、不動産会社で働いています。←今の状態

I <u>used to</u> go drinking three nights a week.
<u>かつては</u>、週に3回ほど飲みに行って<u>いました</u>。

↓
I don't go drinking that often. ／（今は）そんなに飲みには行きません。

This building <u>used to</u> be a hospital.
<u>かつては</u>、このビルは病院<u>でした</u>。

↓
This building is a hotel. ／（今は）このビルは、ホテルになっています。

Rule 10 willとbe going to を使いわける

1 これからのことを表現するbe going to

これからするつもりの意志を表現

　be going to で、これから先の行動の予定を表すことができます。「〜するつもり」や「〜しそうだ」と訳されます。

I'm going to have lunch.
昼食を食べるつもりです。

She's going to have lunch later.
彼女は昼食を後で食べるつもりです。

be going to 〜の用法を主語ごとにまとめると…。

I	am	(not) going to	do
He / She / It	is		
We / You / They	are		

質問だと、こうなります。

Am	I	(not) going to	do
Is	he / she / it		
Are	we / you / they		

これから起こりそうなことを表現

　be going to は、今の状況や様子から察して「〜になりそうだ」というこれから起こりそうな様子を表すこともできます。

It's going to rain.
雨が降りそうです。

I'm going to be behind schedule.
予定よりも遅れそうです。

※会話の中では…
　going to は、会話の中では gonna と話されることも多く、I'm gonna go は実際には「アイム、ガナゴー」のように、音が変わって聞こえてきます。

2 willとbe going toは使いわけもできる

すでに決めたか、今決めたかで使いわける

基本的な文章の型はどちらも同じです。
人　＋　be going to　＋　動詞の原形
　　　　　 will

ただし両者は、異なる部分もあるのです。
will → 話している時点で決めた提案や予定
be going to → すでに決定している予定。現在の状況から、起こりそう・予想されること。

たとえば、パーティーに行く予定のAさんがBさんを誘い、Bさんがその場で行くことに決めたという流れを、英語で表現してみましょう。will と be going to との違いが感じられますか？

A: I'm going to go to the party.
パーティーに行く予定です。
↑この時点で、既にパーティーに行くと決めていた。

A: Will you come with me?
あなたも私と一緒に来ませんか（来るつもりはありませんか）？
↑一緒に来るか、今から決める。

B：Sure, I will.
もちろん、一緒に行くつもりです。←今行くと決めた。

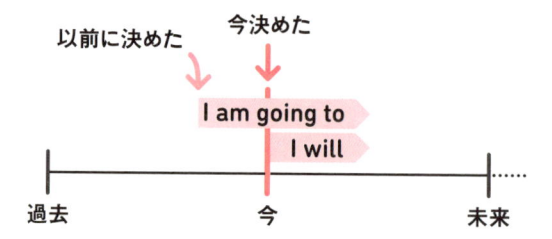

```
          以前に決めた   今決めた
                ↓        ↓
                   I am going to
                        I will
    |───────────────────┼──────────────|······
   過去                  今             未来
```

　will と be going to は、今決めたか、前から決めていたのか「点」と「線」の違いがあります。
　また、will のほうが「決定する」という意志も感じられる言葉です。

willとbe going toの疑問文の作り方

　疑問形は、主語と直後の言葉（will か be 動詞）の入れ替えです。これが頭にくることで、すぐに「聞いているんだ」とわかります。

●Will + 人 + 動詞の原形

Will you have lunch?
昼食を食べるつもりですか?

↓

Yes, I will have lunch. ／はい、食べるつもりです。

●be 動詞 + 人 + going to + 動詞の原形

Are you going to have lunch?
昼食を食べるつもりですか?

↓

Yes, I'm going to have lunch. ／はい、食べるつもりです。

072

willとthinkを併用する頻出表現を覚えておくと便利!

● I think ~ will… (~は…するだろうと思う)

   I think she'll be OK.
   彼女は大丈夫だろうと思います。

● I don't think ~ will … (~は…しないだろうと思う)

   I don't think she will come tomorrow.
   彼女は、明日は来ない(だろう)と思います。

Rule 11 時刻や期間を伝える表現を極める

本日は時制について触れてきましたので、時間の感覚を学ぶついでに、時刻や期間を伝える頻出表現をおさえていきましょう。

1 時刻を伝えてみよう

It's seven o'clock. ／7時です。
It's noon (twelve). ／正午(12時)です。

| half past nine | one fifteen | a quarter to three (two forty-five) | five to six (five fifty-five) |

It's half past nine (nine thirty). ／9時半(9時30分)です。
It's one fifteen (a quarter past one). ／1時15分です。
It's a quarter to three (two forty-five). ／3時15分前(2時45分)です。
It's five to six (five fifty-five). ／6時5分前(5時55分)です。

2 よく使う表現をおさえよう

●right away ／すぐに
　I'll mail you right away. ／すぐにメールします。

●in a few minutes ／数分で
　I'll call you back in a few minutes. ／数分でかけ直します。

●for a little longer ／もうしばらく
　Could you wait for a little longer? ／もうしばらくお待ちいただけますか?

●about thirty minutes ／30分ほど
　Could you wait about thirty minutes? ／30分ほどお待ちいただけますか?

●in an hour ／1時間以内に
　I'll be back in an hour. ／1時間以内に戻ります。

●a couple of hours / days ／2、3時間/日
　It will take us about a couple of hours. ／2、3時間で終わります。

●half a day ／半日
　It'll take half a day. ／半日かかるでしょう。

●all day ／丸1日
　We have to be here all day. ／1日中ここにいなければなりません。

●every other day ／1日おき
　I go to the gym every other day. ／1日おきにジムに行きます。

●for a week ／1週間
　I'll put off the meeting for a week. ／会議を1週間延期します。

074

- **most of this week / the next week ／今週（来週）いっぱい**
  I need most of this week to complete the project. ／そのプロジェクトを終えるのには、今週いっぱいが必要です。

- **the beginning of next week ／来週頭**
  I'll prepare it by the beginning of next week. ／来週頭までには用意できます。

- **in the middle of next week ／来週中ごろに**
  The new machine will arrive in the middle of next week. ／来週中ごろに新しい機械が届くでしょう。

- **at the end of the month ／月末に**
  We'll finish this at the end of the month. ／月末にこれを終わらせるつもりです。

- **for a few months ／数か月**
  He has to stay in Osaka for a few months. ／彼は2、3か月大阪にいなければなりません。

- **to the end of this year ／年内**
  The contract continues to the end of this year. ／契約は年内続きます。

その他にも…、
　twice a day ／1日2回
　once a week ／週に1回
　three times a month ／月に3回
　four times a year ／年に4回
　a couple of times a year ／年に2、3回
　two-day (meeting) ／2日間の（会議）
　for the first time in a year ／1年ぶりに
　move up three days ／3日間繰り上げ

動詞については、2日目、3日目でかなり理解できたことでしょう。
明日は、誘ったり、お願いしたり、人とかかわっていくときの表現です。

Day 4

Today's Lesson

Rule 12
希望の伝え方には
いろんな言い方がある

Rule 13
誘う表現は
言い方に強弱がある

Rule 14
詳しく比べてみよう

1日目で英語の基本的な構造や英語を話すときの考え方、2日目で動詞、3日目で時制についてお伝えしました。これで、英語を話すための土台はだいぶ固まったことでしょう。
　4日目となる今回は、「〜したい」といった希望を伝える表現や、誘いかけたり、許可を得たり、誰かに働きかける表現を見ていきます。

　まずは、相手に何かをお願いする表現です。
　Please はお願いの基本としてあらゆる場面で登場しますが、いつも「please」を繰り返すのも表現に乏しい感じがします。
　ここでは、さらに丁寧にお願いする作法、同僚や友人にちょっとしたお願いをする言い方も含め、希望の伝え方や依頼の仕方の様々な表現を習得しましょう。

　次のテーマは、誘うときの表現です。日本語と同様に英語でも、「〜してはいかがでしょうか？」や「〜したほうがいいよ」といった、様々な言い方があります。

　最後は比べる表現です。距離、大きさ、量、時間、人数など、いろんなものを比べてみましょう。同程度のもの、程度に差があるものなどの伝え方を見ていきます。

Rule 12 希望の伝え方にはいろんな言い方がある

1 お願いをすることで希望が伝わる

希望を伝える

　英語の基本である「最初に結論を言う」の原則から、相手に何かお願いしたり希望を伝えるときにも、「私は〜したい」のように、最初に「どうしたい」と伝えることから始めます。これが典型的な型です。
　たとえば I'd like ＋名詞なら、「〜にします。〜をお願いします」と希望する"物"を伝える表現になり、I'd like to ＋ 動詞にすると「〜したいです」と、希望する"行動"を伝えられます。

●I'd like ＋ 名詞　　（〜をお願いします）

I'd like a draft beer.
生ビールをお願いします。

●I'd like to ＋ 動詞　　（〜したいです）

I'd like to move to a table with a night view.
夜景の見える席に移りたいです。

　希望を伝える表現として I want to do〜 ／〜したいも習いました。ただし前述しましたが、自分の夢を語ったり、強い希望や不満を言うときには使える一方、使い方によっては「〜したいの！」と子供っぽいわがままな言い方に聞こえてしまう場合もあります。
　そのあたりの使いわけを難しく感じるときには、I'd like (to) にするほうがいいでしょう。

please【〜をお願いします】

　お願いするときの最も簡単な表現は please です。たとえば飛行機で「オレンジジュースをお願いします」と言うときには Orange juice, please. と簡単です。please はフレーズの最初や最後につけます。

This one, please.
これをお願いします。

　日常でもビジネスでも please は確かに丁寧なのですが、相手にお願いをするときに一番丁寧なのは Would you 〜？（〜していただけますか？）、次に丁寧なのは Could you 〜？、その次は Can you 〜？になります。
　何かきちんと人にお願いするときには、こうした表現を please と一緒に使って Could you please 〜？のように使います。

Would you 〜？【〜していただけますか？】

　相手に最も丁寧に、許可を得るニュアンスでお願いすることができる表現です。Could you 〜？よりも丁寧な印象になります。

Would you go to the store? We need a few things.
お店に行っていただけないでしょうか？　少し必要な物がありますので。

Would you tell me what I have to do? ／すべきことを、教えていただけないでしょうか？

Could you 〜？【〜していただけますか？】

　「〜していただけますか？」と相手に少々手間がかかることをお願いするような場合に使います。Would you 〜？よりはカジュアルで、Can you 〜？よりも丁寧な依頼となります。

Can you open the window, please?
窓を開けてくれますか？

Could you open the window, please?
窓を開けていただけますか？

Can you ~?【~できますか？】

　Can you ~? は、カジュアルに「ちょっと~してもらえる？」といった軽いニュアンスや、できるかどうかをたずねるときに使います。

Can / Could you help me? ／手伝ってくれませんか？／いただけますか？
Can / Could you pass me the salt? ／塩をとってもらえますか？／いただけますか？

Can / Could you open the door?
ドアを開けてくれませんか？ ／ いただけますか？

Can / Could you call me a taxi? ／タクシーを呼んでもらえますか？／いただけますか？

2 許可を得ることでも希望が伝わる

Can I ~? / Could I ~?【~できますか？ / ~してもよろしいですか？】

　相手に「~できますか？」という問いかけです。物を借りたり、電話で「~さんとお話できますか？」という場面が代表的ですね。
　Could I ~のほうが丁寧ですが、電話などでは、Can I ~が一般的です。

Can I speak to Tom?
トムさんをお願いします。(トムさんと話せますか？)

Can I have something to drink? ／何か飲み物をもらえますか？
Could I open the window? ／窓を開けてもよろしいですか？

Can I have change for 10 dollars? ／10ドルをくずしてもらえますか？
Could I ask you a favor? ／お願いがあるのですが。（お願いをしてもよろしいでしょうか？）

May I ～？【～してもよろしいでしょうか？】

　may 自体に「～をしてもよい」といった許可を与えるニュアンスがあり、これを疑問形にしたことで「～してもよろしいですか？」と、許可を得るニュアンスになります。たとえば丁寧に相手の名前をたずねるとき、聞きにくい年齢を聞くときなど、便利に使える表現です。

　あるいは、お店で May I have a tissue?（ティッシュを1枚使ってもいいですか？）と聞いてから使うなど、相手の許可が必要なときにも使う表現です。

May I ask you something?
ちょっと聞いてもいいでしょうか？

May I have your name again? ／もう一度お名前をいただけますか？

Let me ～【私に～させてください】

　「～をやらせて」というニュアンスの、親しい人同士の口調です。たとえば「～になったら教えて」という表現は Let me know when ～ . が決まった言い方です。なお、これを Would you let me ～？とすれば、さらに丁寧になります。

Let me know when your schedule is finalized.
スケジュールが最終的に決まったら、知らせてください。

Let me pay. ／私のおごりです。（支払わせてください。）

Rule 13　誘う表現は言い方に強弱がある

1　意向を聞いて誘いかける

Would you like (to) ～?【～はいかがでしょうか？】

　Would you like (to) ～? は、相手に何かを勧めたり、「～はいかがですか？」とうかがうときの丁寧な言い方です。よく使われるのは「コーヒーかお茶はいかがですか？」と勧めたり、同じお店でバッタリ人に会ったときに「一緒にいかがですか？」と誘う表現など。場面を思い浮かべると、けっこう使えそうな表現ですよ。

● Would you like 物?の形で

Would you like another beer?
ビールもう一杯いかがですか？

Yes, please.
はい、お願いします。

Would you like some tea now?
今お茶はいかがですか？

Thanks, but no thanks.
ありがとう、でも今はけっこうです。

「～はいかが？」と勧めたり誘ったり広く使えますよ

● Would you like to 動詞?の形で

Would you like to join us?
ご一緒しませんか？

Do you want (to) ～?【～しませんか?】

　Do you want (to) ～?、は、仲間同士や気軽に話しかけるときに使う表現です。
　お客様などに丁寧に誘いかけるときには Would you like (to) ～? のほうがいいでしょう。

●Do you want ～ ?の形で

Do you want something to drink?
何か飲む?（何か飲みませんか?）

●Do you want to 動詞?

Do you want to go for a walk?
散歩に行きませんか?

Do you like (to) ～?【～は好きですか?・～はいかが?】

　直訳をすると「～は好きですか?」となりますが、たとえば場面によって、すでに「お茶をいただきます」と言ったあとに Do you like green tea? なら「緑茶は好き?（いかが?）」のニュアンスを含みます。

Do you like green tea?
緑茶は好きですか（いかがですか）?

Yes, I do (like green tea).
はい、好きです。

誘いを断るとき

　申し出や誘いを断るときは would rather を使って「どちらかというと～したい」と婉曲に相手と違う意見を伝えます。I would rather の省略形は I'd rather です。rather の後は動詞の原型になります。

Would you like to dine out? ／外で食事するのはいかがでしょうか？
というお誘いに対して…

I'd rather stay home.
私は家にいるほうがいいな（私はどちらかというと、家にいたいです）。

I'd rather not go out.
私は出かけないほうがいいな（私はどちらかというと、出かけたくないです）。

Would you rather stay home?
家にいるほうがいいですか？
（どちらかというと、家にいるほうがいいですか？）

I'd rather not. だけにして、「やめておきます」とだけ伝える断り方もあります。

2 問いかけて誘ってみよう

Why don't you 〜？【〜してはどうですか？】

直訳の「なぜ〜しないのか？」から転じて、「〜するのはどうか」「〜すれば？」といった誘いかけや何かを勧めるときに使います。

Why don't you join us?
一緒にどうですか？

Why don't you take this medicine? ／この薬を飲んでみたらどうですか？

Why ＋ 否定疑問文【なぜ〜ではないのですか？】

「なぜ〜ではないのか？」の意味そのままに使われることもあります。語順は Why isn't he 〜が正しく、Why he isn't 〜とはならないので注

意しましょう。

Why can't she show up tomorrow?
明日、彼女はどうして来られないのですか?

Why isn't she happy? ／彼女はどうして納得がいかないのですか?
Why didn't you tell me the story? ／どうしてその話を教えてくれなかったのですか?

You'd (had) better ～【～したほうがいいよ (そうしないと大変だよ)】

　You'd (had) better は「～したほうがいいよ」と相手に勧める言い方ながら、「そうしないと大変なことになるよ」というニュアンスを含んで、「すべきだ」と比較的強い言い方になります。自分が思う以上に上からの命令調で批判的に聞こえることもあるので、特に自分より上の人には使わないほうがいいでしょう。

　「～しないほうがいいよ」のときには、You had better のあとに not がきます。

You'd better talk to your boss.
上司に話したほうがいいですよ。

You'd better not tell her everything. ／彼女にすべてを話さないほうがいいですよ。

should【～したほうがよい】　have to【～しなければならない】

　should は「～したほうがよい」という勧めるニュアンスで、have to は「～しなければならない」と強制的なニュアンスになります。

You should prepare for tomorrow.
あなたは、明日の準備をしたほうがいいですよ。

He has to prepare for the meeting.
彼は、会議の準備をしなければなりません。

Should she drop by?
彼女は立ち寄ったほうがいいでしょうか?

Rule 14　詳しく比べてみよう

1 「同じ」程度を伝える

A is as 形容詞 as B【AはBと同じくらい〜だ】

　同じ程度のものがあれば「as 形容詞 as」と形容詞を as で挟んで表現します。

She is as tall as her sister.
彼女は、姉と同じくらい背が高いです。

as 形容詞 as

| A | | B |

She is as tall as her sister

This stone is as hard as a diamond.
この石はダイヤと同じくらい固いです。

My boss is as arrogant as always. ／上司はいつもながら（同じように）横柄です。

as 〜 as possible / one can【できるだけ〜に】

as 〜 as possible や as 〜 as one can なら、「自分の能力と同じだけ」から転じて「できる限り〜に」となります。

Could you get back to me as soon as possible?
できるだけ早く、折り返していただけますか？

Could you bring as many blankets as you can?
できるだけたくさんの毛布を、持ってきてくれますか？

2 「同等でない」ことを伝える

not as A as B【BほどAではない】

たとえば従業員3人の評価をしてみるとしましょう。Aさんはよく働く、Bさんはまあまあ、Cさんはサボり魔だとして3人の働きぶりを比較します。

A＝よく働く
B＝まあまあ
C＝サボり魔

> 3人を比べれば
> サボり魔の様子が
> 浮き彫りに…

A よく働く
B まあまあ
C サボり魔

B works not as hard as A.
Bさんは、Aさんほどは働きません。

C works not as hard as B.
Cさんは、Bさんほどは働きません。

(087)

↓つまり

B works harder than C, but not as hard as A.
BさんはCさんよりも働きますが、Aさんほどではありません。

ということになります（〜 er than の形をとる「比較」については、後ほど説明します）。

3 muchとmanyにはちゃんと違いがある

many は具体的に数えられるものに、much は漠然とした数や質量に対して使います。

many + 数えられる名詞（加算名詞）の複数形

I don't know as many as people as you.
あなたほどたくさんの人は知りません。

I have as many books as you do.
あなたと同じくらいたくさんの本を持っています。

much + 数えられない名詞（不加算名詞）

I don't have as much money as you.
あなたほど多くのお金は持っていません。

I don't have as much luggage as you do.
あなたほどたくさんの荷物は持っていません。

＊疑問や否定では much、肯定では a lot of をよく使います。
I have a lot of luggage as you do.

4 比較する（比較級）

　比較するときには、語尾に -er をつけるか、言葉の前に more をつけます。
　基本的には短い単語には er をつけて、2音節以上の単語には more をつけます。この「音節」がピンとこないかもしれませんが、感覚的にはおおよそ母音の数を目安にでき、辞書では「-」がつく部分で確認できます。たとえば expensive は ex-pen-sive で3音節のために more がきます。
　ただし、good のように、good–better–best と不規則に変わる不規則動詞も見られます。活用をそのまま覚えなければならないのですが、慣れてしまえば感覚的にスラスラと出てくる表現でもあります。また、多少間違えても、ネイティブだってさして気にしない語法でもあります。比べる対象がある場合は、than の後ろに対象を続けます。

I'll e-mail you. That's easier than calling.
メールしますよ。そのほうが電話より簡単でしょう（から）。

I'd like to transfer to a more interesting section.
もっと面白い部署に異動したいです。

主に一音節の短い言葉の最後には、「-er」つけます。

- young → younger
- fast → faster
- tall → taller
- cheap → cheaper
- big → bigger （※ g がひとつ増えるのに注意）
- happy → happier （※ y が i に変わる）

He is younger than I am.
彼は私よりも年下です。

The Italian restaurant is clos**er** to the office **than** the Indian one.
イタリア料理店のほうが、インド料理店よりもオフィスに近いです。

比較の形容詞を飾る　so much【すごく】　a little【ちょっとだけ】

4人の男の子が背比べをしています。
Aくんが一番大きくて、A→B→C→Dと、左から右に順に小さくなっていきます。

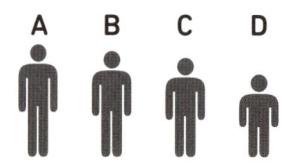

A　B　C　D

A is tall**er than** B. ／Aくんは、Bくんよりも背が高いです。
B is tall**er than** C. ／Bくんは、Cくんよりも背が高いです。
C is tall**er than** D. ／Cくんは、Dくんよりも背が高いです。
　　↓つまり

A is so much tall**er than** D.
Aくんは、Dくんよりもだいぶ背が高いです。

D is so much short**er than** A.
Dくんは、Aくんよりもだいぶ背が低いです。

muchやlittleを併用すればより詳しい比較に

さらに詳しく言えば…

B is a little tall**er than** C.
Bくんは、Cくんよりも少しだけ背が高いです。

C is a little short**er than** B.
Cくんは、Bくんよりも少しだけ背が低いです。

2音節以上の単語には、moreをつけます

difficult → more difficult
beautiful → more beautiful
interesting → more interesting
careful → more careful
crowded → more crowded

Our new office rent is more expensive than our old one.
新しいオフィスの家賃は、古いものよりも高いです。

You should be more careful! ／もっと注意しなきゃ！

不規則活用はそのまま覚えるしかない！

good → better → best
bad → worse → worst

たとえば、昨日まで体調が悪かった人に話しかけてみます。

Do you feel better today?
気分はよくなりましたか？

I feel better today.
今日のほうが気分がいいです。

I feel worse today.
今日のほうが気分はよくありません。

more / less than ～【～以上 / 以下】

more than ～は「～以上」、less than ～は「～以下」です。

```
          1時間
less than  |  more than
←─────────|─────────→
   以下    |    以上
```

It will take more than one hour.
1時間以上かかるでしょう。

It will take less than one hour.
1時間以内ですむでしょう。

5 一番のものを伝える（最上級）

「一番～だ」の形で、形容詞の前に the をつけます。単語の活用は比較級と同じルールで、比較級で単語の最後に「er」をつけたものは、最上級では「est」をつけます。2音節以上の長い単語については比較級では more をつけましたが、最上級では the most をつけます。

たとえば fast など短い単語は fastest と、beautiful のような長い単語は the most beautiful と変化します。

A is the tallest.
Aは一番背が高いです。

D is the shortest.
Dは一番背が低いです。

This is the cheapest one.
これが一番安いです。

This is the most expensive one.
これが一番高いです。

This is the most reasonable one.
これが一番お買い得です。

6 「全部」「大部分」「いくつか」「まったく〜ない」

量や多さなどの程度の表現です。そこにいる人の「全員か」「何人か」や、食べ物の「多く」か「ほとんどない」といった嵩（カサ）を、段階を追って表現してみます。

一般名詞を使う場合

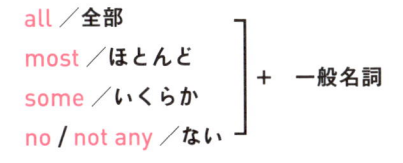

all ／全部
most ／ほとんど
some ／いくらか
no / not any ／ない
＋ 一般名詞

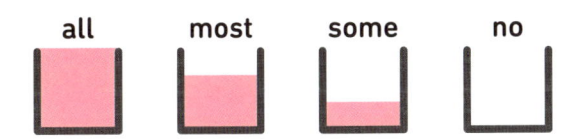

all　　most　　some　　no

All students like him.
生徒全員は、彼が好きです。

Most students like him.
ほとんどの生徒は、彼が好きです。

Some students like him.
数名の生徒は、彼が好きです。

No student likes him.
どの生徒も、彼を好きではありません。

「たくさん・所属」の中で「どのくらい」か

all ／全部
most ／ほとんど
some ／いくらか
any ／いくらか ※疑問や否定で使用
no / not any ／ない

＋ of 複数の代名詞・所有格の名詞など

All of them ／彼らの全員
Most of them ／彼らのほとんど
Some of them ／彼らの何人か
Any of them ／彼らのほんの一部
None of them ／彼らの誰もいない

4日目は、自分の希望を伝えたり、誘いかけたり、程度を示す表現を見ていきました。自分の希望を伝える表現は、日常でも旅行でもあらゆる場面で活躍します。

　また、比較をしたり程度を伝える表現もまとめて見ることで、表現の違いがつかみやすくなったのではないでしょうか。今日はここまでです。

　明日は、人に「質問する」表現を見ていきましょう。

> 今日学んだことは多くの場面で使えるものばかり

Day 5

Today's Lesson

Rule 15
主語と動詞の入れ替えで質問文が作れる

Rule 16
6W1Hを先頭に出せば内容が聞ける

Rule 17
質問することで挨拶もできる

相手に「質問」をすることは、わからないことを教えてもらったり、迷ったときに役立つだけではありません。会話が続かないときに相手に質問を投げることで、話のきっかけを作ったり、会話や情報を引き出す効果もあります。
　挨拶も同様に相手の調子をうかがうことですから、質問の表現を使うわけですね。
　さて、今回は会話に欠かせない「質問」を見ていきましょう。

　まずは、相手が Yes か No で答えられる質問です。一番基本的な質問の形で、主語と動詞の語順をひっくり返したり、Do を頭に持ってくるだけと簡単です。

　次に、相手から回答を引き出します。「何が」「どれが」「どこで」「いつ」「誰が」「なぜ」「どのように」に対して、相手が内容を答える形です。

　挨拶として、「調子はどうですか?」「昨日はどうでしたか?」という具合に相手の調子を質問する形もあります。そんな表現と一緒に、返事の仕方もおさえておきましょう。

Rule 15 主語と動詞の入れ替えで質問文が作れる

1 基本はDoで聞く

　最初にも触れたように、英語は「最初に結論」を伝えます。このことは、何かについて聞く「質問」でも同様です。
　〈主語＋動詞〉が基本の形ですが、質問のときには「これは疑問文ですよ」と伝えるために、主語の前に動詞が頭にポンッと飛び出すのです。

Do you like your job?
仕事は好きですか？

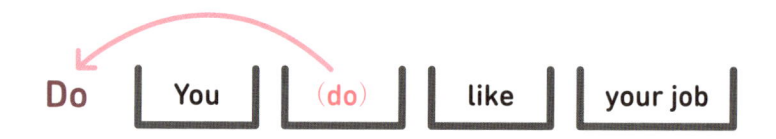

Do [You] [(do)] [like] [your job]

You (do) like your job. ／あなたは仕事が好きです。

　そして、答え方としては、たとえば以下のようなものがあります。

No, I don't (like my job). ／いいえ、仕事は好きではありません。
It's so so. ／まあまあです。
Yes, I do (like my job). ／はい、仕事が好きです。

　まず、最初に「疑問ですよ」と伝えるために、do が飛び出してきます。この do は動詞の代わりをしたり、強めるために動詞の前に置かれたりする言葉として、文中には見られなくても「動詞の前に隠れている」んです。それがポンッと冒頭にいくわけですね。
　日本語では、「好きです＋か？」というように、末尾に「か？」とくるので、最後の最後に「実はこれ、疑問文だったんです」と告げられます。
　でも英語では、最初に Do を出して「これは疑問文ですよ」と最初から

(098)

伝えてしまいます。質問したいときには、まず「質問ですよ」と伝える、そう考えると英語を組み立てやすくなると思います。

● Do I have to ～？／～しなくちゃダメですか？

<u>Do I have to</u> wear a tie?
ネクタイ着用ですか？（ネクタイをつけないとダメですか？）

<u>Do I have to</u> ～？はよく使うフレーズなので、取り上げました。
　たとえば、海外のレストランでドレスコードにひっかかって言うセリフですね。こんな風に「～しなくちゃだめですか？」と聞くときには Do I have to ～？のフレーズになります。

<u>Do</u> we <u>have to</u> be at the meeting?
ミーティングに出席しなくちゃダメですか？

　have（持つ）、eat（食べる）、go（行く）…など、動詞それ自体に意味があるのが「一般動詞」でしたね。
　一般動詞の文章で質問の形にするときには、主語（人称）や時制にあわせて Do, Does, Did などを最初に持ってきて〈Do ＋主語＋一般動詞〉の形になります。この型で「『したこと・動作』などについて聞きますよ」と最初に伝えるわけです。

You	go		Do	you go
They	go	↔	Do	they go
He / She	goes		Does	he / she go

2 三単現ならDoesで聞く

　3人称で単数で現在形（「三単現」と習った方が多いでしょう）の場合は、動詞に s がつきます。同様に do も s がついて does と形が変わります。
　一方で質問する疑問文では、do に s を持っていかれるので動詞には s がなくなり、以下のように原型のまま（例文の場合は like）となります。

He likes his job. ／彼は仕事が好きです。
↓

Does he like his job?
彼は仕事が好きですか？

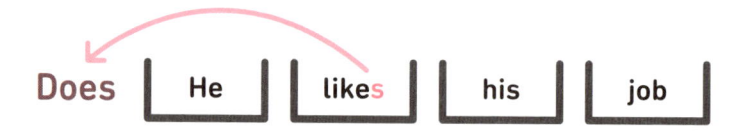

Does [He] [like~~s~~] [his] [job]

He plays guitar every day. ／彼は毎日ギターを弾きます。
↓

Does he play guitar every day?
彼は毎日ギターを弾きますか？

3 過去のことを聞くなら、どの主語でもDid

　Do も Does も過去のことなら Did に変わります。最初に「過去について聞きますよ」と Did で伝えたので、一般動詞はもう過去形である必要はなくなり原型（例文の場合は prepare）にもどります。

She prepared the handout. ／彼女は配布資料を用意しました。
↓

Did she prepare the handout?
彼女は配布資料を用意しましたか？

Did [She] [prepar~~ed~~] [the handout]

I had lunch. ／ランチを食べました。
↓

Did you have lunch?
昼食を食べましたか?

4 be動詞で聞くならbe動詞を先頭に移動するだけ

まず「疑問文ですよ」と伝えるために、be 動詞を冒頭に移動させます。Do や Did のときと違うのは、主語の後ろに動詞が何も残らないこと。主語と be 動詞の位置をひっくり返してみるだけなんです。

You are busy. ／あなたは忙しいです。
↓

Are you busy?
忙しいですか?

Are ← You are busy

これに対して、聞かれた相手の答えは、たとえばこんな風になります。
I'm busy. ／忙しいです。
It's been hectic! ／超忙しいよ!
No, I'm not so busy. ／いいえ、そんなに忙しくありません。
What do you want? ／何か用があるのですか?

This is yours. ／これはあなたのものです。
↓

Is this yours?
これはあなたの?(あなたのものですか?)

答え方としては、以下のようなものがあります。

Yes, this is mine. ／そう、私のです。
No, this is not mine. ／いや、違います。

be 動詞　質問する形の基本			
I	am ↔	Am	I
He She It	is ↔	Is	he she it
We You They	are ↔	Are	we you they

5 Yes / Noで答える

質問されて答える場合は、頭に出ていた動詞をそのまま使うだけです。

Do you ～?と聞かれたのならば
↓

Yes, I do.
はい、～です。

No, I don't.
いいえ、～ではありません。

> do なら do で返す
> などシンプルに
> 考えましょう

Do you like pizza? ／ピザは好きですか?
↓

Yes, I do.
はい、好きです。

No, I don't.
いいえ、好きではありません。

ここでは、Yes, I do (like pizza). と、No, I don't (like pizza). というように、(like pizza) が隠れています。でも、そこまで説明しな

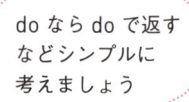

くても、返事としては十分に伝わるわけですね。

Does she like pizza?
↓

Yes, she does.
はい、彼女は好きですよ。

No, she doesn't.
いや、彼女は好きじゃないですね。

　答えは最初に飛び出した動詞にあわせるだけ。ここでは Does と聞かれたので、does で答えたわけです。

Are you ～ ? と聞かれたのならば
↓

Yes, I am.
はい、そうです。

No, I'm not.
いいえ、そうではありません。

Are you happy with this? ／これでいいですか？
↓

Yes, I am (happy).
はい、いいです。

No, I'm not (happy).
いいえ、よくないです。

　もちろん、be 動詞で聞かれたなら、その be 動詞で答えましょう。

最初の疑問の動詞にあわせて、こんな風に答えるだけです。

		そう			違う
Yes	I	am / do	No	I	am not / don't
	he she it	is / does		he she it	isn't / doesn't
	we you they	are / do		we you they	aren't / don't

Rule 16　6W1Hを先頭に出せば内容が聞ける

　日本語の「誰、どこ、どれ、どうやって…」など、Yes / No で答えてもらうのではなく、相手から説明を引き出す質問方法を見ていきましょう。英語がまだ上手に話せなくても、この質問のパターンを駆使するだけで、会話が成立しますよ。

　そのためには、学校で習った 6W1H（What（何）、Which（どれ）、Where（どこで）、When（いつ）、Who（誰）、Why（なぜ）、How（どのように））のいずれかを冒頭に出して、最初にどんなことを聞くのかを伝えます。そこから先は、通常の疑問文を続ければいいだけです。

1　「何か」を聞くなら What

What ～ ?【～は、何ですか?】

　「それが何か?」と聞くときには、What を使います。日本人が聞きなれたフレーズ What's your name?（あなたのお名前は何ですか?）にもありますね。What の後は、普通の疑問の形のように〈動詞＋主語〉の順番となります。

What is it like?
それは、どんな風ですか?

↓
It's like a bird. ／まるで鳥みたいです。

この like は英語でよく登場する「〜のような」という前置詞です。His house is like a castle!（彼の家はまるでお城のようだ！）など、比喩的に使えるので、覚えておくと便利ですよ。

What で始める疑問文は、他にはこんなものがあります。

What did she say? ／彼女は何と言ったのですか？
What does he look like? ／彼はどんな風に見えますか？
What happened? ／どうしたのですか？（何が起きたのですか？）
What brings you here? ／どうしてここに来たの？（何があなたをここに運んできたのですか？）
What do you do for a living? ／仕事は何ですか？（生活のために何をしているのですか？）

What +名詞〜？【〜は、どんな名詞？】

What に名詞をつけることで、どんな「名詞」なのかを聞く疑問文が作れます。名詞には、色、サイズ、時間など、あらゆるものが入ります。

What color do you like?
どんな色が好きですか？

What size are you?
あなたのサイズは（何）？

What time do you usually come to the office?
いつも何時にオフィスに来ますか？

What kind of company is it?
どんな会社ですか？（そこはどんな種類の会社ですか？）

2 「どちら?」は、Whichだけではない!

WhichとWhatの違い

　WhatとWhichには、はっきりとした違いがあります。Whatは漠然と「何か」を聞くのに対して、Whichは2つ以上で5つくらいまで(それ以上でもはっきりと選択肢があるとき)に、どれを選ぶのかを聞くときに使います。

　たとえばWhat color do you like? なら、漠然とした"色"というものの中から、どの色が好きかを聞いています。Which color do you like? なら、ケースに入った色鉛筆から選ぶ、3色のバッグから選ぶ、といった状況ですね。

　Whatを使う場合は、特に限定しない広い範囲の中で「何?」を聞きます。

What do you like?
何がいいのですか?

What time is your flight?
飛行機の時刻は何時ですか?

　Whichを使う場合は、いくつかある中から、「どれ?」「誰?」など、特定して聞きます。

Which do you like?
どれがいいのですか?

Which flight?
どの飛行機ですか?

　ここで、ある男性が、つき合っている彼女にプレゼントをあげるとしましょう。

What is the best item for her present?
彼女のプレゼントは、何がいいのでしょうか？

　まだ、何か決まらずに、いろんな物の中から漠然と「何がいいか」と聞くイメージです。たとえばプレゼントだとしたら、「食べ物もあれば、アクセサリもあって…」という段階ですね。

Which bag is the best present for her?
彼女のプレゼントに、どのバッグがいいのでしょうか？

どれもほしい
あ、私がもらえるんじゃないのか…

目の前に「候補」が挙げられていて、その中から「コレ！」と選ぶイメージです。

「どちらの〜ですか？」は、人について聞く場合はWhoを使う

「どちらの〜ですか？」と聞く場合は、次のように「Which ＋名詞」を使います。

> **Which** seat would you like? Aisle or Window?
> どちらの席がいいですか？　通路側？　それとも窓側？
>
> **Which** is your train?　10 or 10:30?
> どちらの電車ですか？　10時？　それとも10時半？

でも、人について聞くときは、Which ではなく Who を使います。

> **Who** is heavier? Mike or Ken?
> どちらのほうが（体重が）重いですか？　マイク？　それともケン？

つまり、「どちら」が人になるのか、物になるのかによって、変わるわけですね。たとえば、以下のような肯定文を「どちら」なのかを聞く疑問文にしてみましょう。

> **Hiroshi** bought **the bag**.
> 　　S　　　V　　　O
> ヒロシは（その）バッグを買いました。
>
> **Who** bought the bag?
> 誰がバッグを買いましたか？

What did he buy?
彼は何を買いましたか？

Which bag did he buy?
彼はどのバッグを買いましたか？

3 「どこか」を聞くならWhere

　最初に Where をつけて、普通に疑問の形を続けるだけで、場所について聞くことができます。

Where is his desk?
彼の机はどこですか？

↓

His desk is over there. ／彼の机はあそこですよ。

Where is she?
彼女はどこですか？

↓

She is right behind the shelf. ／彼女は、棚のちょうど向こう側です。

Where did he go?
彼はどこに行ったの？

↓

He went out for lunch. ／彼は昼食に出ました。

Where are you from?
出身はどちら（どこ）ですか？

↓

I'm from Kansai area. ／私は関西地方出身です。

Where can I find the application form?
申請書類はどこですか？（どこで私は申請書類を見つけることができるのですか？）

↓

It's in the third drawer from the top. ／上から3番目の引き出しの中です。

4 ｢いつか｣を聞くならWhen

「いつか」と時を聞く When。後に続くのは、普通の疑問と同様に〈動詞＋主語〉です。

When is your birthday?
誕生日はいつですか？

↓

My birthday is May 5th. ／誕生日は5月5日です。

When did you go on the business trip?
出張はいつ行きましたか？

When are you going to prepare it?
いつ準備しますか？

5 ｢誰か｣を聞くならWho

「誰ですか？」と人について聞くときには、Who を使います。

　主語が会ったのは誰かという疑問のときには、who 以下の部分は動詞と主語が入れ替わり、疑問の〈動詞＋主語〉の形になります。

　ただし、「動作の主体が誰か」を聞くときには、who 以下の動詞と主語は普通の肯定文のままです。

　who を使う場合は、何を聞きたいのかによって、who 以下が疑問文の形になったり、肯定文の形になったりするわけですね。

Ken met Aya.
　S　 V 　O

ケンはアヤと会いました。

Who did Ken meet?
ケンは誰と会ったのですか？

Who met Aya?
誰がアヤと会ったのですか？

> Who は語順に注意しないと通じませんよ

他にも、こんな例文が考えられます。

Who are you talking to?
誰と話しているんですか？

Who is going with you?
誰が一緒に行くの？

Who is the woman in the white jacket?
白いジャケットの女性は誰ですか？

6 「なぜなのか」を聞くならWhy

Why 〜 ?「どうして〜 ?」

Why で聞くと、「どうして？」と理由をたずねることになります。
答え方の王道は because 〜（なぜなら〜）ですね。

Why do you look so serious?
真剣な顔してどうしたのですか？（なぜ、あなたはそんなに真剣に見えるのですか？）

↓
Because I have to make a presentation. ／プレゼンしなきゃならないからです。

Why do you like him?
どうして彼が好きなの?

↓
Because he is just adorable. ／とにかく魅力的だからです。

否定の疑問文 その1「どうして〜しないのか?」

Why の後に否定の疑問文が続く形式もあります。意味は、「どうして〜ないのか?」となります。※ p84 参照

Why didn't you mail me yesterday?
どうして昨日メールをくれなかったのですか?

Why can't you come to the meeting?
どうしてミーティングに来られないのですか?

否定の疑問文 その2「〜したらいかが?」

Why don't 〜で、直訳の「どうして〜しないのか?」から転じて、「〜したらいかが?」「せっかくだから〜したら?」といった誘いかけにもなります。※ p84 参照

Why don't you join us?
一緒にどうですか?（私たちに加わるのはいかがですか?）

Why don't you behave? ／お行儀よくしたらどうですか?

7 「やり方」や「状態」を聞くならHow

やり方を聞く

How を冒頭に持ってきて「どうやって〜？」や「どのように〜？」と、やり方をたずねることができます。

How did you get here?
どうやって、ここに来たのですか？

↓

By bus. ／バスで（来ました）。

How do you like your coffee?
コーヒーの飲み方は？（どのようにして自分のコーヒーを飲むのが好きですか？）

↓

I like my coffee with milk. ／ミルクを入れて飲みます。（私はミルクを入れたコーヒーが好きです。）

状態を聞く

How には「状態」を質問する使い方もあります。

How was the party?
パーティーはどうでしたか？

↓

It was OK. ／まあよかったです。

How about you?
あなたはどうですか？

↓

Same here. ／私も同感です。

How do you like it?
どう？（おいしい？　その場所は好き？　など）

↓

Well, I like it. ／うん、おいしいよ。

How + 形容詞 / 副詞で「程度」を聞く

　How に形容詞や副詞をつけて、疑問の順番で言葉を続けると、「どのくらい〜？」と聞くことができます。

● 長さ

How tall are you?
身長はどれくらいですか？（あなたは、どのくらいの高さですか？）

↓

I'm about 6 feet. ／6フィートくらいです。

● 大きさ

How big is your bag?
鞄はどのくらいの大きさですか？

↓

About the same size as yours. ／あなたのものと同じくらいのサイズです。

● 年齢

How old is your son?
息子さんは何歳ですか？

↓

He's seven years old. ／（彼は）7歳です。

● 時間

How long does it take to go to the station?
駅まで行くのにどのくらいの時間がかかりますか？

↓

About ten minutes. ／10分くらいです。

● 頻度

How often do you eat out?
どのくらい（どれくらいの頻度で）外食しますか？

↓

Almost every day. ／ほぼ毎日です。

● 期間

How long have you worked for the company?
その会社にどのくらいいますか？（どれくらいの期間、その会社で働いていますか？）

↓

About five years. ／約5年です。

● 値段

How much was the fare?
料金はいくらでしたか？

↓

1000 yen per person. ／ひとり1000円でした。

Rule 17 質問することで挨拶もできる

英語では、How や What を使って、相手の様子をたずねるように挨拶をします。でも、挨拶のときは特に相手の情報を引き出そうとしているのではないんです。

たとえば挨拶で How's work? と聞かれても、具体的な進行状況をたずねているわけではないので、「仕事どう？」と聞かれたら、「まあまあですね」くらいに答えれば十分。その場の状況や相手に応じて「楽しかったです」「まあまあですね」といった程度の簡単な答えを返してみましょう。

1 Howで挨拶する

状態を聞く how は、相手の様子を聞く挨拶でよく耳にする言葉です。

How was your day?
今日はどうでしたか？

How do you like Japan?
日本はどうですか？（どのように好きですか？）

How are you? ／気分はどうですか？
How are you doing? ／どうしていますか？
How's it going? ／どんな感じですか？
How's work? ／仕事はどう？
How's everything going? ／調子はどうですか？（すべてはどのように進んでいますか？）
How's the project going? ／プロジェクトはどうですか？
How is that coming? ／あれ、どうなっていますか？
How's your cold? ／風邪の具合はどうですか？
How have you been? ／（しばらく）どうしていましたか？
How was your weekend? ／週末はどうでしたか？

How was the party? ／パーティーはどうでしたか？
How does it work? ／それはどう（機能するの）ですか？
How do you like Japan? ／日本はどうですか？

2 Whatで挨拶する

どれもよく使う表現で、直訳では意味をなさないものもあります。表現そのままで覚えてしまうことをオススメします。

What's up?
どうしていますか？

What's wrong?
何かあったんですか？

What's bugging you?
何かありました？（何があなたを困らせているのですか？）

What did you do on your day off? ／休みはどうしていましたか？（何をしていましたか？）

3 be動詞、一般動詞で挨拶する

Yes か No で答えてもらうような聞き方で、表現することもできます。

Do you feel better?
気分はよくなりましたか？

Are you OK?
大丈夫ですか？

Busy?
忙しいですか？

4 挨拶の返事の頻出表現をマスターしよう

よく使う返事を、挙げておきます。

I'm good.
調子はいいですよ。

I'm OK.
調子はいいですよ。

I'm tired.
疲れていますね。

I'm not quite awake.
ぼーっとしています。

I feel good. ／調子はいいですよ。
I'm just getting by. ／なんとかやってますよ。
Couldn't be better! ／絶好調ですよ!
I've been very busy. ／ここのところ、すごい忙しいです。
It's been hectic! ／超多忙です!
Not so bad. ／悪くないですよ。
We are on / behind schedule. ／スケジュール通りです。／遅れています。
So-so. ／まあまあですかね。
I feel refreshed this morning. ／今朝はスッキリしています。
I have a bad hangover. ／ひどい二日酔いです。
I feel better. ／気分はよくなりました。

　5日目は、相手に質問をしたり、挨拶や返事をする表現を見てきました。ここまででだいぶ日常的な会話にふれられたと思います。
　仕事でもプライベートでも使う表現ですので、瞬時に使いこなせるまで覚えて練習をしてみてください。きっと会話に役立ちますよ。

さて明日は、日本人にはちょっととらえるのが難しく、でも覚えてしまったら英語を感覚的にイメージでつかめるようになる前置詞を見ていきましょう。

明日からは
日本人が苦手な
分野を徹底攻略！

Day 6

Today's Lesson

Rule 18
前置詞は和訳しない

Rule 19
前置詞のイメージをとらえよう!

Rule 20
似た前置詞を使いわけよう

Rule 21
よく使う前置詞表現をマスターする

6日目のテーマは、「前置詞」です。日本人が感覚としてつかみにくく会話の中でどれを使えばいいか迷いがちで、苦手な人も多いようです。でも日本語訳に頼らずにイメージとしてとらえると、その使い方も自然とつかめるようになるものです。

　たとえば on は「〜の上に」と覚えた人が多いでしょう。on the table なら「〜の上に」と訳せますが、on time となったら「時間の上に」!? と変な日本語になってしまいます。前置詞をどんな風にとらえて、理解していけばいいか…、そんなことをお話ししましょう。

　前置詞はそれ自体が幅広いニュアンスを持っています。決まった日本語訳から覚えるよりも、それぞれの前置詞が持つイメージをとらえると、理解しやすくなります。たとえば on なら「〜に接触して」とイメージすることで「〜の上に」ではあてはまらない、いろんな場面でも使えるようになります。

　どの前置詞を選ぶのかには、簡単なルールがあります。時間を説明する前置詞なら、後ろにくるのが季節か時間かで選ぶ…。そんな使いわけを説明します。

　前置詞はイメージが大切ながら、特によく使う成句はそのまま覚えてしまったほうがサッと使えるようになります。前置詞を含む頻出の言い回しを、まとめて見ていきましょう。

Rule 18　前置詞は和訳しない

1　英語は最初から詳細を伝える

　英語は、語順をきちんとすることを好むなど几帳面です。前置詞についても、そんな几帳面な性質がうかがえます。

　たとえば日本語で「冷蔵庫ですよ」と言えば、聞いた内容によって、「ああ、中にあるんだな」「外に貼ってあるんだな」とわかります。

　でも、英語ではきっちりと in the refrigerator（中に）、あるいは on the refrigerator（上に・外に）などと、伝える必要があります。

2　同じ和訳でも、前置詞でニュアンスが変わる

See you in Tokyo.
東京（のどこか）で、会いましょう。

See you at Tokyo.
東京（というひとつの地点）で、会いましょう。

　どちらも東京「で」会うのですが、in のときは「東京のどこかしらで」という漠然としたニュアンス。

　一方で at のときには、たとえば「サミットは東京で開催されました。」といったときの「日本の中の東京」というニュアンスなど、ピンポイントに絞ったイメージになります。

3　前置詞は和訳よりもイメージが大事

It's on the desk.
机にあります。（机の上に乗っています。）

It's on the wall.
壁にあります。（壁の上にあります。）

on は「〜の上に」と習ったのではないでしょうか。上の2つの文は、「上に」でも訳として成立します。

でも、on が「〜の上に」では意味が通らないこともあります。次のフレーズを見てみましょう。

Could you turn on the TV?

ここでは、「テレビをつけてくれますか？」と言っています。この turn on は成句として「（テレビ・電気を）つける」や「（機械の）スイッチを入れる」となり、この on は「〜の上に」としては意味がとれません。

無理をすれば「スイッチが電気回路の上に」と解釈できないこともありませんが、たとえば on air（放送中）などは説明がつかなくなります。そこで、「（動作が）接触・関与している＝〜中である」「頼っている」「ついている」ととらえてみましょう。

広くとらえたイメージの on で考えれば、「air ／放送 に接触して」→「放送中」、「time（時間）に接触して」→「時間通りに」と解釈できるようになります。

こうした前置詞を日本語訳から解釈するのは難しいため、イメージで解釈していくしかないんですね。

この前置詞の中でも、特に in, on, at, to, by, of, for の7つの言葉のイメージをつかめれば、直訳ではなく、英語が本来持つニュアンスを理解できるようになります。以下でそれぞれを見ていきましょう。

●in〈中にある〉

　in the room ／部屋の中に

●on〈くっついている〉

　on the wall ／壁の上に

●at〈ピンポイントで狙って〉

　at the desk ／（まさに）机（という場所）にある

●to〈到達点へ向かう〉

　a ticket to NY ／ニューヨーク行きの（に到着する）航空券

●by〈依存して〉

　by the TV ／テレビの側に

●of〈所属から取りさたして〉

　the corner of the room ／部屋の角

●for〈捧げて〉

　flowers for your room ／部屋用の（に捧げられた）花

Rule 19 前置詞のイメージをとらえよう!

1 「内側にある」イメージの in

in は内にあることを表します。ある一定の外枠があって、その中にある状態が in になります。

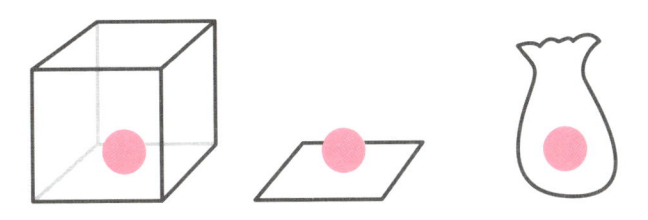

空間の中に

ある特定の外枠を定めて、その空間の内側にあることを表します。

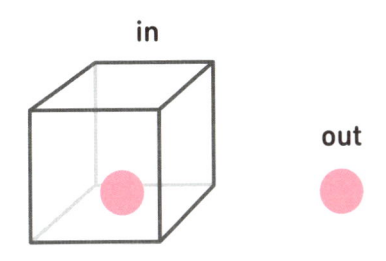

in

out

in a house ／家の中に
in a room ／部屋の中に
in a box ／箱の中に
in a car ／車の中に
in the sky ／空（の中）に
in the hospital ／病院（の中）に

It's in the drawer.
引き出しの中です。

領域の中に

ある特定の範囲や領域の中にあるイメージです。

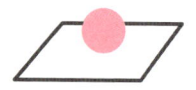

in a garden ／庭の中に
in Japan ／日本の中に
in a row ／列（の中）に
in bed ／ベッドの中に
in a newspaper / a book ／新聞/本に書かれている

There were many stars in the sky last night.
夕べ、空にたくさんの星がありました。

I like reading books in bed. ／ベッドで本を読むことが好きです。
It was written in this book. ／この本に書かれていました。

時間の中に

時間の幅や経過を「範囲」の枠でとらえて、その中にあるイメージです。

I was born in 1980.
私は1980年に生まれました。

in May ／5月に
in the summer ／夏に
in the past ／過去に

in an hour ／1時間で
in a few months ／数か月で
in ten minutes ／10分で
in a few days ／数日で
in two weeks ／2週間で
in three years ／3年で

She'll be back in 10 minutes.
彼女は10分で戻るでしょう。

I'll let you know my schedule in a few days. ／2、3日でスケジュールを知らせます。
We have to finish the project in two weeks. ／2週間でそのプロジェクトを終わらせなければ。

状況・状態に

　物理的な境界や囲いがなくても、イメージで状態や状況の「範囲」を作って「その枠の中にいる」「その範囲内にある」「包まれている」と表すこともできます。

in joy ／楽しんで（楽しみの中で）
in confusion ／困惑して（困惑の中で）
in a group ／グループで（グループの中で）
in a jacket ／ジャケットを着て（ジャケットに包まれて）

My boyfriend is in a brown coat.
私の彼氏はブラウンのコートを着ています。

2 「接触している」イメージの on

onは接触している状態をイメージするようにしましょう。「〜の上に」「〜に乗った」の訳にしばられずに、横でも、下でも、時間でも…、ある側面に接触している（〜をしている最中である）というイメージの言葉です。対象に接して、何かしらの力や影響を及ぼすため「乗る」「くっつく」「影響を与える」「状態にある」ときに使われます。

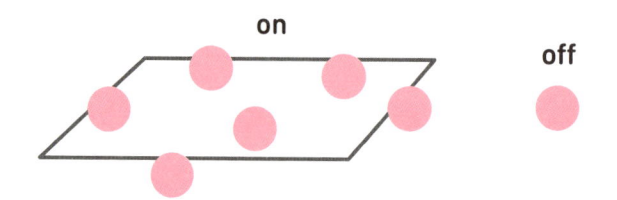

My cell phone is on the table.
携帯はテーブルの上です。

She always shows up on time.
彼女はいつも時間通りに（時間にぴったりに）現れます。

場所・物との接触

on the desk ／机に
on a wall ／壁に
on the ceiling ／天井に
on a door ／ドアに
on a plate ／皿に
on the floor ／床に
on a column ／柱に
on a motorcycle ／バイクに乗って
on a bus ／バスに乗って
on the notebook ／ノートに

onは「接触」とイメージすればOKですよ

Who's that girl on the bus?
バスに乗っていた女の子は誰?

Write your name on your notebook.
ノートに名前を書くように。

Don't sit on the desk.
机に座らないように。

Turn on the light, please.
電気をつけてください。

Turn off the TV. ／テレビを消してください。

時間との接触

　曜日や特定の日にくっつくイメージになるときは、on が使われます。たとえば、「時間通り」のときは、その時間に接触しているので on time です。

on

I play soccer on weekends.
週末はサッカーをします。

3 「特定の一点」や「尺度」のイメージの at

　at は、時間や空間の中で、ピンポイントで狭い範囲に焦点をあてる"点"のイメージです。in が「ある範囲の中」であるのに対して、at は「ある時点・地点」に特定されます。

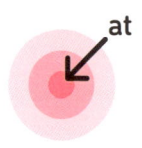

in Japan ／日本で（日本という範囲のどこか内側で）
at Japan ／日本で（世界の中の1点の日本というまさにその場所で）

I was working at my desk.
机で仕事をしていました。

Write your name at the top of the paper.
書類の一番上に名前を書きましょう。

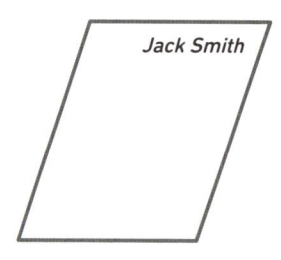

> at はあくまで「一点」のイメージに一点集中を！

場所

場所を一点としてとらえたイメージです。

at the station ／駅で
at the bus stop ／バス停で
at a corner ／角で
at the door ／ドアで
at the school ／学校で
at his desk ／彼の机で

I was waiting at the traffic light.
信号で待っていました。

I met her at the hospital. ／病院で彼女を見かけました。
He was at the bus stop. ／彼はバス停にいました。

特定の時間

範囲ではなく、ある特定の時間を指しています。

at three thirty ／ 3時半に（という一時点で）
at seventeen ／ 17歳に（という一時点で）

目的や能力

ある目的・能力の一点に焦点をあわせます。

at work ／仕事（という目的）で
at a party ／パーティー（という一場面）で
look at that ／あれを見る（あれという一点を見る）
be good at it ／それが得意（それという一点がよい）

I'm He's still at work.
彼はまだ仕事中です（仕事という目的にいます）。

I met Lisa at the party.
パーティーで（パーティーという一場面で）リサに会いました。

He's good at playing guitar.
彼はギターが得意です。

尺度

価格や尺度など、ある特定の基準に絞っていることを表します。

at 500 yen ／ 500円で
at 60 km an hour ／時速60キロで
at a good price ／いい値段で
all at once ／一度に（1回ですべて）

He drives at 80 km an hour.
彼は時速80キロで運転します。

It's easy to carry it all at once.
一度で運ぶと楽ですよ。

4 「出発点」の fromと「到達点」の to

to は、特定の範囲を定めて、その方向に向かって進んでいくイメージ。「→」を思い浮かべるとわかりやすいですよ。

それに対して、出所を表したり、そこから分離することをイメージさせるのが from です。

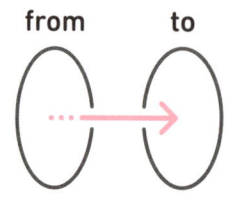

場所から / 場所へ

ある場所に向かって進んでいくイメージです。

from（起点）→ to（到着点）の間には、移動や範囲など空間が生まれます。

I moved from Tokyo to Yokohama.
東京から横浜に引っ越しました。

to と in を比較した場合は、この図のようなイメージです。

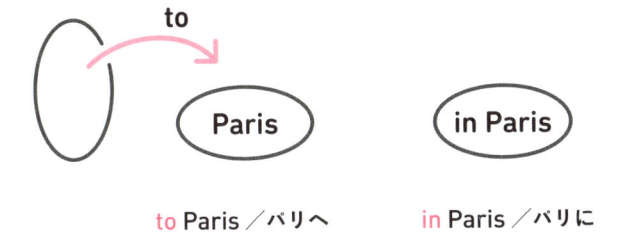

to Paris ／パリへ　　　in Paris ／パリに

I'd like to go to Paris.
私はパリへ行きたいです。

My sister lives in Paris. ／私の姉はパリに住んでいます。

When did you get to Osaka?
いつ大阪に着きましたか？

What time did you get to the office? ／オフィスには何時に到着しましたか？
Turn to the right at the corner. ／角を右に曲がってください。

時間から / 時間へ

　ある時間の起点が from（ある時間から）。ある時間の終点が to（ある時間まで）。

　from that time ／そのときから
　to eternity ／永遠に
　from now on ／今これから

fromとtoの間には、時間の範囲が生まれるため、この2つを併用する時間の表現もよく使われます。

The shop is open from 10 a.m. to 7p.m.
その店は午前10時から午後7時まで営業しています。

到達点へ

　to以下に目的地を入れることで、行動の範囲がわかります。

　　air ticket to Chicago ／シカゴ行きの航空券（シカゴへ到着するための航空券）
　　turn to the right ／右に曲がる（右に到達するように曲がる）
　　drink to the bottom ／飲み干す（底に達するように飲む）

What time did you go to bed last night?
夕べ何時に寝たの？（ベッドに行ったの？）

出どころを明らかにする

　fromを使うことで、原料、引用元、判断基準の根拠など、「どこから出てきたのか」を示すことができます。

　　quotations from a book ／本からの引用
　　gift from my girlfriend ／彼女からのプレゼント
　　make butter from milk ／牛乳からバターを作る

She got the book from the shelf.
彼女は本棚から本を取り出した。

分離していく

from を使えば、何かが離れていくイメージや、物体同士の距離感を示すこともできます。

The way he thinks is always different from others.
彼の考え方はいつも、他の人たちと違う。

He cleared the dust from the floor.
彼は、床のホコリを掃除しました。(彼は、床からホコリを取り除きました。)

5 「多くの中のひとつ」をイメージさせる of

of は「所属」の前置詞です。存在の源、所属元、特性など、何か一定の範囲内に所属していることを表し、たくさんの中からいくつかを抽出するようなニュアンスを持ちます。大勢の中で、ひとりにスポットライトが当たっているようなイメージです。

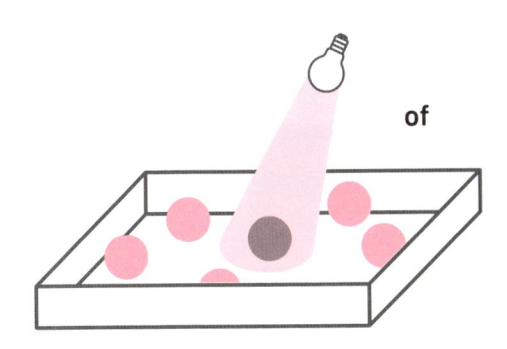

I'm Hiro Sato of XYZ Company.
XYZ社の佐藤ヒロです。

時間の一部

ある期間から、一部を抽出します。

The shop is open on the first three days of the week.
お店は週の前半3日開きます。

The bank is crowded on the last few days of the month.
銀行は月末の2、3日（月の最後の2、3日）が混みます。

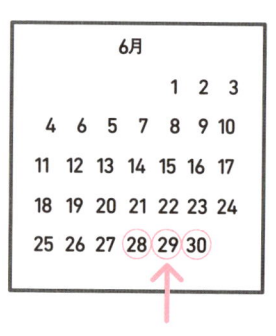

```
       6月
              1  2  3
  4  5  6  7  8  9 10
 11 12 13 14 15 16 17
 18 19 20 21 22 23 24
 25 26 27 28 29 30
```

場所の一部

地域や範囲の中から、一部を抜き出すイメージです。

The office is located in the center of Tokyo.
オフィスは東京の中心にあります。

My seat is on the second carriage of the train. ／私の席は電車の2号車です。

属性

of の後に、それが属する組織や枠などの全体像がきます。

I picked this book from the top shelf of the bookshelf.
本棚の一番上からこの本を選びました。

I fixed the flat front tire of my bike. ／自転車の前輪のパンクをなおしました。
Would you like a cup of tea? ／紅茶を一杯いかがですか？（紅茶という属性の中の一杯はいかがですか？）

要因や源

物事の原因や要因、物事を生み出した人やものを表します。

He is proud of his son.
彼は息子を（要因に）誇りに思います。

I like the sound of the insects in the garden.
庭の虫の（から発せられる）声が好きです。

6 「何かを捧げる」イメージの for

for は何かを捧げるイメージの前置詞。人に渡したり、意識をもってそちらに向けるなどの方向性を示します。

時間を捧げる

その時間や期間を何かに捧げたり、費やしたりするイメージです。

I took a nap for an hour.
1時間仮眠をしました。(私は睡眠に1時間を費やしました。)

He had a business trip for three days. ／彼は3日間出張しました。(彼は出張に3日間を費やしました。)

場所に向かう

「〜へ向けて」という方向性を表します。

He left for Okinawa.
彼は沖縄に向けて出発しました。

I took the flight for Narita airport. ／成田空港に向かう飛行機に乗った。

目標・目的を掲げる、賛成する、同意する

目標・目的を掲げて「それに向かって」あるいは「人のために」「何かのために」といったニュアンスです。「人のために」ということから、「賛成」や「同意」の意味も含まれます。

He asked for a raise.
彼は昇給を願い出ました(要求しました)。

I'm for her opinion.
彼女の意見に賛成です。

I'm for you.
あなたの味方ですよ。(あなたに同意していますよ。)

等価交換

同じ価値のものと交換するイメージを表します。

I got this bread for 500 yen.
このパンを500円で買いました。

Kyoto is famous for old temples.
京都は古い寺で有名です。

7 「寄りそう」イメージの by

by は、あらゆるものの「そば・近く」を表し、手段・道具・人などへの"依存"のニュアンスが含まれます。

たとえば stand by me は「私のそばに立つ」から転じて「味方をする」「そばにいる」となるように、精神的にも物理的にも近接・依存するイメージです。

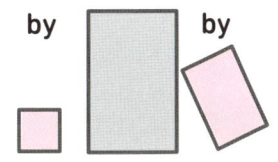

手段や行為者に頼って

by 以下に、手段・経緯・行為をする人を入れます。

She made a bag by hand.
彼女はバッグを手作りしました。(彼女は手を使ってバッグを作りました。)

I'll send it to you by air. ／航空便で送ります。(空輸の手段でそれを送ります。)

I'll go to your house by bike. ／あなたの家に自転車で行きますね。

This building was designed by a famous architect. ／この建物は有名な建築士によってデザインされました。

期限

ある特定の時間に依存するイメージで、「いつまで」と期限などを表します。

I have to finish this paper by tomorrow noon.
明日の昼までに、この書類を終わらせなければなりません。

I'll be at the office by six o'clock. ／オフィスには6時までいるつもりです。

近接・通過

側(そば)にあるイメージで使われます。また by は、通過していくイメージも持ちます。

Your boss is going to have a seat by yours.
上司はあなたの近くの席に座るつもりだよ。

通過するイメージによる頻出の言い回しは、こちらです。

side by side ／横に並んで
little by little ／少しずつ
day by day ／日々
by turns ／順番に
time goes by ／時が過ぎるにつれて
by and by ／やがて・間もなく

8 「付加」のイメージの with

with は、何かが「ついた・加わった」ことを表します。

a jacket with a pocket ／ポケットのついたジャケット

Everybody welcomed the new member with pleasure.
誰もが新しいメンバーを歓待しました。(誰もが新しいメンバーを、喜びをもって迎えました。)

I totally agree with you.
まったく同意します。(私は全面的に、あなたと一緒です。)

My boss will come along with me.
上司が私に同行するつもりです。(上司が私と一緒に来ます。)

with＋道具＝手段

He moved it with a large cart.
彼は大きなカートでそれを動かしました。

with＋理由＝原因

He was absent from the meeting with a bad cold.
彼はひどい風邪でミーティングを休んだ。

Rule 20 似た前置詞を使いわけよう

1 日本語訳が近い前置詞を区別する

日本語では同じ訳になるものの、英語では意味が違う前置詞があります。「〜の上に」といっても、覆いかぶさったり、超えていったり、乗っかっていたり…、状況が異なれば前置詞も変わってきます。

使いわけをまとめてみましたので、これを機に迷いを解消しましょう！

「〜の上に」「〜の下に」

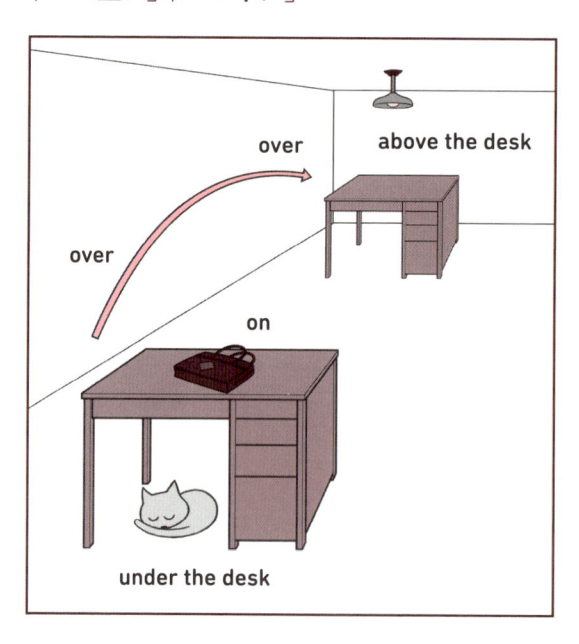

over　→何かを越えて・覆いかぶさってなど、接触せずに包み込んだり覆いかぶさったり
above →何かの上方に
on　　→接触した状態で。上に限らず、横でも下でもよい。接触の対象となるのは、空間や作用でもいい
under →何かの下にある状態で

His desk is over there.
彼の机はあそこです。（彼の机は、その向こうにあります。）

There is a hanging light above the desk.
机の上にぶら下がりタイプのライトがあります。

I left my bag on the desk.
鞄を机の上に置きました。

A cat is sleeping under the desk.
机の下で猫が寝ています。

道を通るのにまつわる前置詞

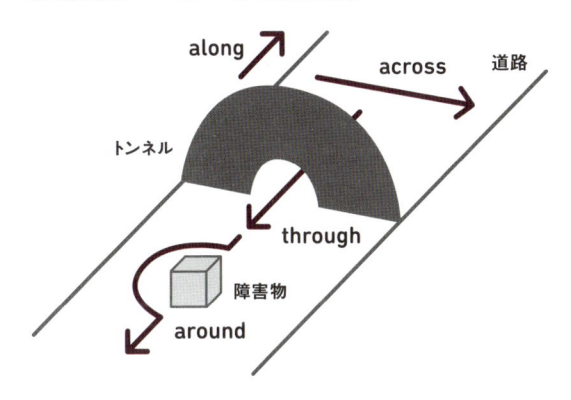

along ／〜に沿って
across ／〜を横切って
through ／〜を通りぬけて
around ／〜を回って（何かの周りを取り囲むようなイメージ）

Let's go for a walk along the seashore.
海辺を（に沿って）散歩しよう。

He walked across the street.
彼は道を横切りました（道を横切って歩きました）。

She went through the gate.
彼女は門をくぐりました（門を通り抜けました）。

He got through a lot of difficult experiences.
彼は多難を経験してきました。（彼は多くの困難な経験を通り抜けてきました。）

The bus stop is just around the corner.
バス停はちょうど角を曲がった所にあります。

「〜内側に／内部に」

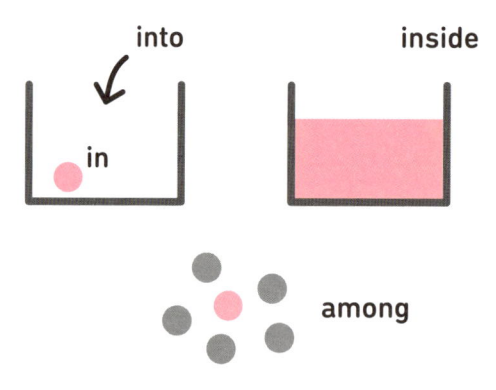

into **inside**
in

among

in ／〜の中に
inside ／〜の内側に
into ／〜の中に動いていく
within ／ある範囲の内側に
among ／〜に囲まれて・混ざって

There are some beers in the fridge.
冷蔵庫にビールがあります。

What's inside your bag?
バッグの中身（内側）は何ですか？

She looked into the mirror.
彼女は鏡をのぞき込みました。

You can send the product back within a week.
1週間以内は製品を送り返せます。

His house is among the trees.
彼の家は木々に囲まれています。

一定期間につく前置詞の区別

　同じ期間を表す場合でも、前置詞を変えることで伝わる情報が変わります。

　たとえば「2007年から2012年までの5年間、ある会社で働いていた」と伝えてみましょう。

●from…to (until) ～／…から～まで

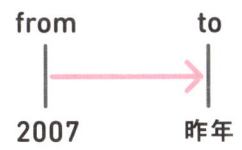

```
from         to
 |─────────→|
2007        昨年
```

I worked for the company from 2007 to last year.
2007年から昨年までその会社で働いていました。

●until + 期間の最後／〜まで

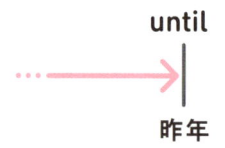

```
        until
  ┄┄┄→  |
        |
        昨年
```

I worked for the company until last year.
昨年までその会社で働いていました。

●for + 期間／〜の間

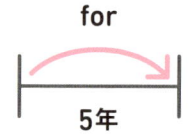

```
    for
  ⌒⌒⌒
  |     |
  5年
```

I worked for the company for five years.
その会社で5年間働きました。

●since + 過去のある時点／〜以来

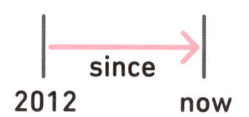

```
  |  since  →  |
  2012      now
```

I have worked for this new company since 2012.
この新しい会社で2012年から働いています。

2 前置詞を選ぶルール

時間は at、決まった日や曜日は on など、どの前置詞を選ぶのかには決まりがあります。これはイメージだけではとらえにくいかもしれませんが、「何にどの前置詞か」というルールを覚えてしまうと使いやすくなりますよ。

日時や季節を表現する前置詞の区別

● **時刻、時間帯はat**

at 8 o'clock ／ 8時に
at midnight ／深夜に
at the time ／その時間に

● **日、曜日、週末はon**

on July 5th ／ 7月5日に
on Monday ／月曜日に
on weekends ／毎週末に

● **月、季節、年、午前・午後はin**　　※長い時間帯をカバーするイメージのある in ですが、午前・午後にも使われます。

in June ／ 6月に
in autumn ／秋に
in 2016 ／ 2016年に
in the afternoon ／午後に

期間を表現する前置詞の区別

● **for + 期間を表す名詞**

I had a meeting for three hours.
会議が3時間ありました。

We played soccer for two hours.
2時間サッカーをしました。

● during ＋ 期間ではない名詞

I was sleepy during the lecture.
講義の間、眠かったです。

We played basketball during the lunch break.
昼休みにバスケットボールをしました。

● while ＋ 主語 ＋ 動詞

while は接続詞なので、後ろには完全な文がきます。

While we were talking, he was waiting for me.
話している間、彼は私を待っていました。

原材料を表現する前置詞の区別

● made of
「何でできているか」が一目でわかるものを表す場合は made of を使います。材料の質や成分が変化せずに、ある「所属」から抜き出すイメージが of にはあることを考えるとイメージがつかみやすくなります。

This desk is made of oak.
この机は樫の木でできています。

● made from
from の後ろには、「本来のものから形を変えている」ために、「何からできているか一目でわからない」原料が続きます。

Cheese is made from milk.
チーズは牛乳から作られます。

手段のbyとwithの使いわけ

　by のほうがより精神的な、with のほうがより物理的な道具を伴うイメージです。

● by → ～の働きによって

I made the chair by hand.
椅子を手作りしました。（椅子を手の働きによって作りました。）

● with → ～の道具を使って

I made the chair with a chain saw.
電動のこぎりで椅子を作りました。

Rule 21　よく使う前置詞表現をマスターする

1　前置詞をイメージでとらえつつ覚えよう

　ここで登場するのはよく使われる表現です。前置詞のイメージを持ちながらそのまま覚えてしまえば、瞬時に使えるようになりますよ。

● be interested in ～／～に興味がある

If you are interested in the details, I'll mail them to you.
もし詳細に興味があれば、メールします。

※ interest は主語が人になると受け身の interested になり、主語が事物になると～ ing の interesting になります。「ギターを演奏するのは面白いです。」を、主語を人にしたものと、it を主語にしたもので文を作ってみましょう。

主語が人⇒ I'm interested in playing guitar.
主語が物⇒ It's interesting for me to play guitar.

●be bored of ～／～に退屈する

I'm bored of waiting in the line.
私は行列に並ぶのに飽きました。

●sorry about ＋ 事柄　sorry for ＋ 人／～に申し訳なく思う

I'm sorry about that.
申し訳ありません。（私はそのことに申し訳なく思っています。）

I'm sorry for him.
彼に対して申し訳ないです。

●be good at ～／～が得意だ　be bad at / with ～／～が苦手だ
at はスキルや行動、with は人や物事に使われることが多いです。

I'm good at soccer.
私はサッカーが得意です。

I'm bad with names.
私は名前を覚えるのが苦手です。

●be angry at ＋ 人／人に怒っている　be angry about ＋ 事柄／事柄に怒っている　※angryの代わりにmadを使うのも可

I'm angry at him.
私は彼に怒っています。

I'm angry about her attitude.
私は彼女の態度に怒っています。

● be afraid of 〜／〜を恐れる

He is afraid of making a mistake.
彼は失敗を恐れています。

● be nice / kind of ＋ 人 ＋ to 〜／人が〜するとは優しい / 親切だ　be nice / kind to ＋ 人／人に対して優しい / 親切だ

It's very nice of you to help him.
あなたが彼を手伝ってあげるとは優しいですね。

She is always very kind to me.
彼女はいつも私にとても親切です。

● be different from 〜／〜と違う

She is different from other girls.
彼女は他の子と違うのです。

● get married to ／〜と結婚する

He got married to the right woman.
彼はぴったりの女性と結婚しました。

● be tired of 〜／〜に飽きた

I'm sick and tired of it.
もううんざりです。

　さて、今日はここまでです。前置詞のイメージをつかむことで、だいぶ英語も理解しやすくなったのではないでしょうか。方向性や何に焦点があたっているかなどを前置詞から感じられるだけで、成句として暗記していただけの表現の幅も広がって、ぐんと使いやすくなることでしょう。
　明日は、いよいよ最終日です！

Day 7 Today's Lesson

Rule 22
冠詞を自在に使いわける

Rule 23
「それ」じゃないitを使いこなす

Rule 24
紛らわしい質問への答え方を知る

Rule 25
訳しにくい英文を使いこなす

Rule 26
似て非なる助動詞の違いを知る

いよいよ最終日。冠詞、「それ」の意味を持たないitなど、日本人がつまずきやすいポイントをあげてみます。さあ、これで最後の仕上げですよ!

冠詞のaやtheは日本人には特に難しく、その使いわけに苦労する人も多いことでしょう。でも簡単なルールとほんの少しのコツをつかんで、使いわけてみましょう。

「それ」の意味を持たない「it」のお話です。日本語に存在せず訳し出されないので少々馴染みにくいかもしれませんが、時や天候の説明など使う場面が限られるので、パターンで覚えられるものでもあります。

否定形で聞かれる疑問文へのYesとNoの答え方についてです。
日本語のように相手の答えへの返事ではなく、自分の行動が"肯定"なのか"否定"なのかによって、返事の仕方が決まります。
日本語と違った考え方ながら、どう考えればスムーズに答えられるのかのコツをレクチャーします!

「〜ですよね?」と念を押す表現「付加疑問」に触れます。最初が肯定なら、最後が否定の疑問…、と一見ややこしいですが、確認や念押しに役立つ便利な言い回しです。

canとbe able to、mustとhave toは、同じ意味を表すことも多いのですが、実は違いがしっかりと存在していたのです。さて、その違いとは…?

Rule 22 冠詞を自在に使いわける

1 aとtheの違いを知ろう

日本人にわかりにくい英語感覚のひとつに、冠詞の a と the があります。実は、ネイティブにすら難しいとされるものです。でも、大切な品詞でもあります。ざっくりとその感覚をつかんでみましょう。

aがtheに変わる瞬間

> I have a question.
> 質問があります。
>
> ↓
>
> Could you repeat the question?
> 質問を繰り返していただけますか?

ここでは、最初にある質問を投げかけるために a question とし、その既に投げかけられた特定の質問内容を繰り返してくださいとするために the question となっています。

同じように…、

> I had to wear a white shirt and bring a towel for PE class.
> 体育に白いシャツを着て、タオルを持って行かなければなりませんでした。
>
> ↓
>
> Can you wash the white shirt and the towel?
> その(体育で使った)白いシャツと、タオルを洗ってくれますか?

a→いくつかあるものの、どれかひとつ、特定されないもの

何でもいいからペン

Can I borrow a pen?
ペンを借りられますか？　←何でもいいからペン

the→コレと特定できるもの、ひとつしかないもの

the pen コレと特定

Can I borrow the pen you have?
あなたが持っているペンを借りていいですか？　←特定のペン

a / anを使うとき、theを使うときを比較する

a / an
I'll bring an umbrella just in case.
念のため傘を持って行きましょう。(どの傘でもいい)

Tokyo is an exciting city.
東京は刺激的な街です。(刺激的な街は他にもある)

Is there a nice Italian restaurant near here?
近くにいいイタリアンレストランはありますか？

There was a pretty girl at the bus stop.
かわいい女の子がバス停にいました。

the
Did you find the umbrella?
あの傘見つかった？

Tokyo is the capital city of Japan
東京は日本の首都です。
(首都はひとつ)

The Italian restaurant was fantastic.
あのイタリアンレストランはとてもよかったです。

Did you talk to the girl?
その女の子に話しかけましたか？

155

I met a man in a pink shirt.
ピンク色のシャツを着た男性に会いました。

The man in the pink shirt works for a tour company.
そのピンク色のシャツを着ている男性は、旅行会社で働いています。

母音の前につく a は an に変わる

There is an orange on the table. ／テーブルにオレンジが一個あります。
Do you need an umbrella? ／傘が必要ですか？
It takes me about an hour. ／約1時間かかります。　※綴りによらず、発音が母音ならanとなります

2 職業や不特定のものには a を使う

職業はa

She's a salesperson.
彼女は営業です。

職業や不特定なものに a を使えばいいわけね

I'm an engineer. ／私はエンジニアです。
He's a taxi driver. ／彼はタクシーの運転手です。
Her father is a doctor. ／彼女のお父さんは医者です。

不特定の人や物にはa

He is a clean-cut guy.
彼は爽やかな人です。

His son is a third-grade student. ／彼の息子は3年生です。
Baseball is a game. ／野球はゲームです。

3 特定、唯一、位置、楽器には the を使う

特定のものを示すときはthe

My office is on the third floor.
オフィスは3階です。

We came here at the same time. ／私たちは同時にここに来ました。
Who got the award? ／誰がその賞を受賞しましたか？
He likes listening to the music. ／彼はその音楽を聞くのが好きです。

唯一のものにはthe

唯一のものの例
→ The sun / the moon / the ocean / the world / the sky

The sun goes down in the west.
太陽は西に沈みます。

The sky was nice and clear today. ／今日、空は青く澄んでいました。
I swam with a dolphin in the ocean. ／海でイルカと泳ぎました。

位置にはthe

位置の例→ the top / the right / the left / the bottom / the middle

I'll go in the middle.
私は真ん中に行くつもりです。

His house is at the end of this street. ／彼の家はこの道の端にあります。
Write your name at the top of the paper. ／紙の一番上に名前を書いてください。

楽器にはthe

I play the piano.
ピアノを弾きます。

I like playing the violin. ／バイオリンを弾くのが好きです。
I'm learning how to play the guitar. ／ギター演奏を習っています。

Rule 23 「それ」じゃないitを使いこなす

「それ」の意味を持たず、形式主語と呼ばれるitのお話をします。このitは、時間、日付、場所、天候、距離などを表すときに主語として使いますが、日本語に訳し出されないため、日本人が感覚的に感じにくい文法表現のひとつです。

1 時間のitを使いこなす

What time is it now?
今何時ですか？

It's three fifteen.
3時15分です。

It's already seven o'clock! ／もう7時です！
It's time to wake up. ／起きる時間です。
How long does it take to get to the station? ／駅までどれくらいかかりますか？
It takes me about 30 minutes on foot. ／歩いて約30分です。

2 日付や曜日のitを使いこなす

What day of the week is it?
何曜日ですか？

It's Tuesday.
火曜日です。

What day is it? ／何の日ですか？
It's my birthday. ／私の誕生日です。
It's April 15th . ／4月15日です。

> it はいろんなものの代わりを担う便利な存在…!?

3 距離のitを使いこなす

Is it far from here?
ここから遠いですか？

It's a long way from here.
ここからは遠いですよ。

4 天候のitを使いこなす

It's raining.
雨が降っています。

It's nice and sunny today.
今日は晴れて気持ちがいいです。

It's windy. ／風があります。
It's terribly hot today. ／今日はものすごく暑いです。
It's a little chilly. ／ちょっと肌寒いです。

5 その他のitを使いこなす

It's very nice to meet you. ／お会いできて光栄です。
It is said that Japanese houses are very small. ／日本の家はとても小さいと言われています。
It's not so easy to make an appointment with him. ／彼とアポを取るのは難しいです。

Rule 24 紛らわしい質問への答え方を知る

　否定で始まる疑問文は、日本語とはルールがちょっと違うため、答えるのが苦手な方も多いかもしれません。
　Don't you ～ ? や Isn't it ～ ? のような否定で始まる疑問文は、日本語では「〜しないのですか？」と訳されます。意外性をもって話しかけたり、婉曲に聞いたりする場面で多く使われる表現です。

1 Don't ～ ? / Didn't ～ ?の質問に答えよう

まずは、否定疑問文自体を作ることから始めてみましょう。

Did you study mathmatics? ／数学は勉強しましたか？
↓否定疑問文になると…

Didn't you study mathematics?
数学は勉強しなかったんですか？

　日本人が苦手とするのは、こうした否定疑問文に対する回答ですね。答え方のポイントとしては、この疑問の形に惑わされないことです。
　たとえば次の例文ですと、聞いているポイントは「行ったか」、あるいは「行かなかったか」。この2つのどちらかです。

日本語では、相手が「行かなかったのですか？」と否定で聞いたのに対して「行かなかった＝ Yes →否定」になります。
　でも英語では、相手の質問に対する返事ではなく、自分が「行った→ Yes ＋肯定文」「行かなかった→ No ＋否定文」になります。疑問文中にある否定の not を気にせずに、「～ですか？」と聞かれたと思えばいいんですね。
　Yes / No に無理に「はい」「いいえ」と日本語訳をあてはめるよりも、自分の行動の「肯定」か「否定」かと、とらえたほうがわかりやすいですよ。

Did you go to the party? ／パーティーに行きましたか？
↓
Yes, I did. ／はい、行きました。
No, I didn't. ／いいえ、行きませんでした。

Didn't you go to the party?
パーティーに行かなかったのですか？
↓

Yes, I did.
いいえ、行きましたよ。
No, I didn't.
はい、行きませんでした。

Are you tired? ／疲れていますか？
↓
Yes, I am. ／はい、疲れています。
No, I'm not. ／いいえ、疲れていません。

Aren't you tired?
疲れてないのですか？
↓

Yes, I am.
いや、疲れています。

No, I'm not.
はい、疲れていません。

2 Why don't you 〜 ?の質問に答えよう

Why don't you 〜 ?（なぜ〜しないのですか？）の直訳から転じて「〜してはいかがですか？」のニュアンスで使われます。

Why don't you join us?
一緒にいかがでしょうか？

↓

Yes, I will.
はい、ご一緒します。

No, I won't (will not).
いいえ、ご一緒しません。

Why don't you call her now?
今、彼女に電話してみたらどうしょうか？

↓

Yes, I will.
はい、電話します。

No, I won't (will not).
いいえ、電話しません。

3 Do you mind if 〜？/ Would you mind if 〜？ の質問に答えよう

　Do you mind if 〜？／〜してもいいですか？も、日本人にとって回答が難しい疑問文です。直訳は「もし〜したら気にしますか？」になりますが、この訳にするとさらにややこしくなるでしょう。
　そこで、シンプルに考えて、「〜してもよろしいでしょうか？」と解釈するとわかりやすくなります。

Do you mind if I smoke?
タバコを吸ってもいいですか？（もしタバコを吸ったら、気にしますか？）

　答える際は mind（気にしますか？）に対して No（＝気にしないのでどうぞ）なのか、Yes（＝気になるので、しないでください）なのかになります。
　つまり、先の疑問文には、次のように答えます。

No, I don't mind.
いいえ、気にしません。

No, go ahead.
いいえ、どうぞ（吸ってください）。

Yes, I mind.
吸わないでください。（はい、気にします。）

Do you mind if I open the window?
窓を開けてもいいですか？（もし窓を開けたら気にしますか？）

↓

No, I don't mind.
いいえ、気にしません。

Yes, I mind.
開けないでください。(はい、気にします。)

Rule 25 訳しにくい英文を使いこなす

「肯定なら→否定の疑問形」「否定形なら→肯定の疑問形」というように、疑問形を末尾につけると、相手に同意をしたり、確認や念押しをすることができます。

1 肯定文に、否定の疑問形をつけるだけ

普通の文章の後に、否定の疑問形をつけ加えます。
たとえば It is → isn't it ?、You do → don't you?、You are → aren't you?、You will → won't you? となります。

It's a beautiful day, isn't it?
今日はいいお天気ですよね?

You already had lunch, didn't you? ／もう昼食は食べたのですよね?
He'll help us, won't he? ／彼が手伝ってくれるのですよね?

2 否定文に、肯定の疑問形をつけるだけ

否定文の後ろに、肯定の疑問形をつけ加えます。
たとえば He isn't → is he?、You won't → will you?、She doesn't → does she?

You didn't like the movie, did you?
あの映画はあまり好きじゃなかったんでしょう？

They aren't from your company, are they? ／彼らはあなたと同じ会社の人じゃないですよね？
You won't be late, will you? ／遅れないでしょうね？
I don't have to attend it, do I? ／出席する必要はないですよね？

Rule 26 似て非なる助動詞の違いを知る

1 canとbe able toの違いとは？

canとcouldの基本的なルール

　can は「〜することができる」「〜する能力がある」という意味を持ち、現在形の can の他に、過去形の could が存在します。
　can は助動詞なので、後ろには原形の動詞がきます。

Sure, I can help you.
もちろん、手伝えますよ。

Sorry, I couldn't help you yesterday.
ごめんなさい。昨日は手伝うことができなくて。

canとcouldが使えないときがある!

　be able to は can と同じ意味を持ちます。でも、can よりも使える時制の幅が広く、「完了形」など can が使えない時制のときにも使えます。

I haven't been able to find a company to transfer to.
まだ転職先が見つかっていません。

She hasn't been able to get refreshed yet.
彼女はまだスッキリしていません。

2 mustとhave toの違いとは?

shouldはmustとhave toとは違う

　must も have to も同じく、「〜しなければならない」のニュアンスを持つ助動詞です。ただ、must よりも have to のほうがあらゆる時制で使えるため、会話でも多く聞かれます。
　should も、must や have to と似たようなニュアンスがありますが、こちらは「〜したほうがいい」というように、提案する意味合いが強くなります。

You must be careful.
あなたは用心しなければなりません。

You have to be careful.
あなたは用心しなければなりません。

You should be careful.
あなたは用心したほうがいいですよ。

must、have to、shouldの疑問文は、簡単に作れる

　助動詞を使った疑問は、can などと同様に冒頭に助動詞を持ってくることで「これは疑問ですよ」と伝えます。助動詞のあとにくる動詞が原形

になるというルールは、順番が変わって疑問文になってもそのまま適用されます。

Must I ask him to help me out?
彼に手伝うようにお願いすべきですか？

Do I have to help her out?
彼女を手伝うべきですか？

Should I prepare a handout for the meeting?
会議用の資料を用意したほうがいいですか？

mustとhave toは否定文になると、違う意味になる！

　普通の肯定文や疑問文では must と have to は近いニュアンスになります。
　ただし、否定になると must not は「〜してはいけない」、don't have to は「〜する必要はない」と、それぞれ違う意味になります。

You must not forget things on the train.
電車で忘れ物をしないようにしなさい。

You don't have to wait for me.
私を待っている必要はないですよ。

You shouldn't stay up late.
遅くまで起きていないほうがいいですよ。

　さて、この本はここまでです。英語の構造、動詞、前置詞など、似たフレーズや言葉の使い分けをまとめることで、頭の中が整理されて、きっとみなさんが今持っている力を発揮するためのベースが固まったことと思います。例文を応用して、どんどん英語を話してみてください！　ありがとうございました。

1週間で英語がどんどん話せるようになる26のルール

発行日　2014年2月5日　第1刷
発行日　2020年2月20日　第9刷

著者　　上野陽子

本書プロジェクトチーム
編集統括　柿内尚文
編集担当　舘瑞恵
デザイン　細山田光宣＋相馬敬徳（細山田デザイン事務所）
イラスト　岩田和久
校正　　　Carol Jean Sasaki、豊福実和子

営業統括　丸山敏生
営業担当　熊切絵理
営業　　　増尾友裕、池田孝一郎、石井耕平、大原桂子、桐山敦子、
　　　　　綱脇愛、渋谷香、寺内未来子、櫻井恵子、吉村寿美子、
　　　　　矢橋寛子、遠藤真知子、森田真紀、大村かおり、高垣真美、
　　　　　高垣知子、柏原由美、菊山清佳
プロモーション　山田美恵、林屋成一郎
編集　　　小林英史、栗田亘、村上芳子、大住兼正、菊地貴広、
　　　　　千田真由、生越こずえ、名児耶美咲
講演・マネジメント事業　齋藤和佳、高間裕子、志水公美
メディア開発　池田剛、中山景、中村悟志、長野太介
マネジメント　坂下毅
発行人　　高橋克佳

発行所　株式会社アスコム
〒105-0003
東京都港区西新橋2-23-1　3東洋海事ビル
編集部　TEL：03-5425-6627
営業部　TEL：03-5425-6626　FAX：03-5425-6770

印刷・製本　株式会社廣済堂

© Yoko Ueno　株式会社アスコム
Printed in Japan ISBN 978-4-7762-0817-4

本書は著作権上の保護を受けています。本書の一部あるいは全部について、
株式会社アスコムから文書による許諾を得ずに、いかなる方法によっても
無断で複写することは禁じられています。

落丁本、乱丁本は、お手数ですが小社営業部までお送りください。
送料小社負担によりお取り替えいたします。定価はカバーに表示しています。